DEL NACIMIENTO A LOS **PRIMEROS PASOS**

MEDICINA PARA LA COMUNIDAD

Colección
MEDICINA PARA LA COMUNIDAD

La presente edición internacional de la **Colección Medicina para la Comunidad** es fruto de un acuerdo institucional entre **Ned Ediciones** y el **Hospital Italiano de Buenos Aires** (Argentina) a través de su propio proyecto editorial: ***delhospital ediciones***. Esta iniciativa surgió en el Departamento de Docencia e Investigación y en el Instituto Universitario Escuela de Medicina, con la misión de dar cuenta de todos los aspectos que tengan que ver con la salud del ser humano.

Los títulos que se publican en esta colección están destinados a la comunidad y, en ellos, se abordan problemáticas frecuentes del área de la salud. Son, de este modo, de gran ayuda para la población ya que aclaran dudas y mitos en torno a los temas planteados diariamente por las personas en los consultorios médicos. Si bien los libros están escritos por profesionales, todos mantienen un lenguaje claro y ameno, sin dejar, por ello, de tratar las patologías con seriedad y rigor científico y académico, propios de los autores.

DEL **NACIMIENTO** A LOS **PRIMEROS PASOS**

Autores:
Dr. Ernesto Lupo
Dr. Pablo Mohr
Dra. Valeria Mülli
Dra. Diana Rodriguez

Serie: ***LIBROS PARA PADRES***
Editora asociada: Dra. Carmen L. De Cunto

NED ediciones   *delhospital ediciones*
MEDICINA PARA LA COMUNIDAD

© Dr. Ernesto Lupo, Dr. Pablo Mohr, Dra. Valeria Mülli, Dra. Diana Rodriguez
© delhospital ediciones
Web: www.hospitalitaliano.org.ar/docencia/editorial
Mail: delhospital.ediciones@hospitalitaliano.org.ar

Diseño gráfico: Renato Tarditti
Ilustraciones: Mariana Garbarino
Diseño de serie: Adriana Yoel
Elaboración del proyecto: Lic. Norma Caffaro Hernández

Derechos reservados para todas las ediciones en castellano

Primera edición: octubre de 2014

Diseño gráfico interior y maquetación: Editor Service, S.L.

© Nuevos Emprendimientos Editoriales SL
C/ Aribau, 168-170, 1.º 1.ª
08036 Barcelona (España)
e-mail: info@nedediciones.com
www.nedediciones.com

ISBN: 978-84-942774-4-3
Depósito legal: B.21443-2014
IBIC: VFXC

Reservados todos los derechos de esta obra. Queda prohibida la reproducción total o parcial por cualquier medio de impresión, de forma idéntica, extractada o modificada, en castellano o cualquier otra lengua.

Índice

Prólogo   7

Vamos a ser padres   9

El primer mes, el bebé encuentra su lugar en la familia   27

De 2 a 4 meses. Consolidando la adaptación   71

De 4 a 6 meses. El círculo del bebé se amplía   83

De 6 a 9 meses. El bebé explorador   97

De 9 a 12 meses. Bebé en movimiento   115

Problemas médicos frecuentes en el primer año de vida   127

Final del recorrido   151

Sitios de interés en Internet   154

Anexos   155

Autores

Dr. Ernesto Lupo
Médico pediatra del Área de Atención de Recién Nacidos en Internación Conjunta y Seguimiento durante el primer mes de vida. Servicio de Neonatología. Departamento de Pediatría. Hospital Italiano de Buenos Aires.

Dr. Pablo Mohr
Médico pediatra del Área Ambulatoria de Pediatría del Servicio de Clínica Pediátrica. Departamento de Pediatría. Hospital Italiano de Buenos Aires.

Dra. Valeria Mülli
Médica pediatra del Área Ambulatoria de Pediatría y Adolescencia del Servicio de Clínica Pediátrica. Departamento de Pediatría. Hospital Italiano de Buenos Aires.

Dra. Diana C. Rodriguez
Médica pediatra. Coordinadora del Equipo de Seguimiento de Prematuros del Servicio de Neonatología. Departamento de Pediatría. Hospital Italiano de Buenos Aires.

Prólogo

Este es un libro destinado a padres y cuidadores de bebés, escrito por neonatólogos y pediatras que trabajamos cotidianamente con lactantes y sus familias.

Nuestro propósito es compartir con ustedes los temas más relevantes del desarrollo normal y la crianza de los bebés, desde que nacen hasta que cumplen el primer año, así como algunos problemas médicos frecuentes, para que ustedes tengan mejores elementos para consultar oportunamente al pediatra.

El primer año de vida tiene como característica la velocidad con la que los bebés se desarrollan y crecen, sorprendiéndonos día a día. Esta velocidad en lograr pasar, de ser un recién nacido que necesita del adulto para todo, al bebé que al año camina, come solo, nos entiende y se hace entender, nos deja la sensación de fugacidad de este período de la vida de nuestros hijos. Muchas veces nos cuesta recordar situaciones de esta etapa y con cada nuevo hijo nos encontramos con la sorpresa de nuevas y viejas dudas como si fuéramos primerizos...

A lo largo de este libro encontrarán algunas escenas en las que se sentirán identificados, así como preguntas que se harán en algún momento y que aparecen frecuentemente en nuestros consultorios.

No pretendemos abarcar la totalidad de los aspectos del crecimiento y desarrollo de los bebés en el primer año de vida, ni ocupar el lugar del pediatra de cabecera. Sí, intentaremos ayudarlos a conocer y comprender las distintas etapas de este período de la vida, despejando dudas y ansiedades normales, para poder disfrutar de este primer año tan maravilloso con sus hijos.

Vamos a ser padres

Esperar un bebé es algo que la mayoría de las mujeres y hombres han imaginado en algún punto de su vida. Es el momento en que los miembros de la pareja toman un nuevo rol, una nueva identidad. Los futuros padres dejan de ser hijos para pasar a ser padres, un momento muchas veces imaginado en la vida, que se concreta y para lo cual hace falta una buena dosis de energía y de diálogo dentro de la pareja.

Durante el embarazo se producen cambios físicos en la madre que harán posible el desarrollo del bebé. También suceden cambios psicológicos que permiten la adaptación de la pareja y que tienen una importancia enorme para el niño que todavía no ha nacido. Hay una cierta turbulencia, se trata de una crisis en el desarrollo de los adultos. Después de todo, se transformarán en padres de uno, en el caso de los primerizos, o de varios hijos, si ya son padres de otros niños.

La energía interna es reordenada y dirigida hacia el niño que aún no ha nacido para permitir un buen **apego** entre él y sus padres.

Es un tiempo de alegría y muchas emociones pero también de temores, ansiedad, tensión y conflictos que son normales y necesarios, aun en el transcurso del embarazo más normal.

En esta etapa y en los primeros meses de vida del nuevo hijo, la familia dirigirá su atención hacia su propio interior, es un momento de puertas adentro. Hay que definir nuevos roles y revisar antiguas relaciones, principalmente, las de los nuevos padres con sus propios padres. Nuevamente habrá un cierto grado de dependencia con las familias de origen y será importante pensar en los límites que habrá que poner para ir logrando una nueva identidad como familia. Todo este proceso es inconsciente pero es bueno pensar que, según las modalidades de cada familia, será necesario poner límites a la intromisión de abuelos y tíos o pedir apoyo y sostén en el caso de un estilo más distante y frío.

¿Cómo se siente la mamá?

En el primer trimestre del embarazo, la preocupación más importante de la madre está enfocada hacia los cambios que sufre su cuerpo. Aparecen nuevas sensaciones corporales como por ejemplo, las náuseas que le recuerdan su nuevo estado. Al principio, el feto no es visto como una persona real, sino como un cambio dentro de la madre. Muchas madres pueden sentirse tensas, irritables y a veces deprimidas.

Cuando en el segundo trimestre comienzan los movimientos fetales se produce un marcado cambio psicológico. La mamá empieza a sentir al bebé como persona. Es normal que aparezcan sueños y fantasías, tanto positivas como de mucho temor.

Parecería que la visualización del bebé moviéndose o chupándose el dedo a través de las ecografías favorece la apreciación del niño como individuo.

La construcción del "nido", o sea, pensar y preparar un lugar para el bebé, es un hecho positivo en este tiempo del embarazo. Aun cuando no se hagan preparativos externos, los padres realizan preparativos internos para el arribo del niño. Es el tiempo en que se imaginan cómo va ser el bebé, cómo se va a llamar, dónde va a dormir y cómo serán como papás.

Pensarse como papás llevará a lograr un buen **apego** con el bebé.

El trabajo mental del último trimestre está puesto en la búsqueda de seguridad en el parto. El embarazo se hace físicamente molesto. Aparecen acidez, sensación de presión en la pelvis y dificultades para descansar. El sueño cambia, se hace más liviano. A los siete u ocho meses la mamá puede estar más pasiva, menos comunicativa e introvertida. Aparecen temores y mayor ansiedad en torno al momento del nacimiento.

Durante este período es muy importante tener especial atención en la alimentación, ya que es normal que aumente el apetito. La alimentación debe ser variada, sana y completa, con algunas colaciones a lo largo del día. En los últimos 3 meses se debe prestar especial atención en ingerir alimentos ricos en calcio (quesos, leche y yogur), para asegurar la calcificación de dientes y huesos. De esta manera no será necesario recibir suplementos de calcio.

El aporte de ácido fólico antes y durante los primeros meses del embarazo previene la aparición de defectos del tubo neural (espina bífida y mielomeningocele) en el feto. Por eso, no sólo es necesario ingerir alimentos que contengan ácido fólico (verduras de hoja verde, algunas frutas, cereales e hígado), sino también, recibir el aporte medicamentoso (comprimidos de ácido fólico) desde el momento en que se planea el embarazo.

Durante el embarazo normal las mujeres pueden continuar con su actividad física habitual: trabajo, gimnasia y deportes en general. En situaciones especiales y hacia el final del embarazo, la actividad deberá limitarse.

La intimidad sexual de la pareja, si bien cambia en los últimos meses, no está limitada por el embarazo.

En el tramo final es habitual asistir a los cursos de preparto. Estos son muy buenos para compartir las vivencias de esta etapa y para prepararse para el momento del nacimiento, en especial, para aprender técnicas para respirar y para pujar durante el trabajo de parto.

Melancolía y depresión posparto

Hasta ahora estuvimos hablando de algunas situaciones por las que atraviesa la mamá antes del nacimiento del bebé.

Después del parto, además de mucha felicidad, pueden aparecer también ciertos sentimientos encontrados. Si bien esto les sucede más frecuentemente a las madres, los padres no están exentos de tener sentimientos similares.

El proceso de adaptación de los padres al nuevo bebé no es automático y siempre genera algún cambio en la esfera emocional.

La melancolía posparto es una fase normal, transitoria, que les sucede a las madres dentro de las primeras semanas posteriores al nacimiento.

"No sé muy bien qué me pasa, tendría que estar muy contenta y feliz porque acaba de nacer mi hijito y sin embargo, lloro por cualquier cosa, me siento cansada, como aturdida. Parece que no pudiera con todo lo que tengo que hacer y siento que no estoy disfrutando este momento."

El llanto, cierta confusión, labilidad emocional (pasar de la alegría a la tristeza, de la risa al llanto) y ansiedad son síntomas frecuentes en el posparto. Duran desde unas pocas horas a unos pocos días y no tienen consecuencias negativas importantes.

Este estado puede estar motivado por el cansancio, los cambios físicos y hormonales que suceden al parto. La falta de sueño, los cambios de rol y de la imagen corporal son factores que favorecen estos sentimientos.

Muchas veces la sensación de caos en la casa, la dificultad para hacer las tareas hogareñas y además ocuparse del bebé, de la pareja y de los hermanos (si los hubiera) supera la capacidad de la madre para hacer frente a tantas demandas.

Pedir ayuda a familiares y amigos en las tareas de la casa y el cuidado del bebé y saber que esta etapa es transitoria ayuda a aliviar estos sentimientos negativos.

Si la mamá se da cuenta de lo que le está pasando y puede hablar de ello, podrá calmarse y encontrará, seguramente, que otras mujeres cercanas a ella han pasado por estas mismas sensaciones.

¿Qué sugerir? Tratar de descansar, aprovechar los momentos de sueño del bebé para dormir y no preocuparse por algunos detalles de la limpieza y el orden de la casa.

La depresión posparto

La depresión posparto es muy diferente de la melancolía y afecta a un pequeño porcentaje de mujeres.

Dificultades para tomar decisiones, irritabilidad, cambios en el sueño, anorexia o pérdida de apetito, agitación y apatía o falta de ganas de hacer cosas, son algunas de las manifestaciones más frecuentes.

En general, el bebé puede mostrarse irritable, muy llorón, con dificultades para establecer rutinas de sueño y alimentación; por el contrario, en otros casos, puede mostrarse muy tranquilo y poco demandante.

Los síntomas suelen iniciarse dentro de los primeros 30 días después del nacimiento y, generalmente, se resuelven en 6 a 8 semanas, aunque a veces pueden durar hasta 6 meses.

Habitualmente, estos síntomas que presenta la mamá se van resolviendo en la medida en que la crianza se va estableciendo y el niño progresa adecuadamente, tanto en su crecimiento como en su desarrollo.

La ayuda del padre, familiares, amigos y también del pediatra y del obstetra es muy importante.

En algunas ocasiones las manifestaciones son más serias o se pueden prolongar más de lo habitual. En esos casos la consulta con un psicólogo o psiquiatra será necesaria.

Cualquier situación de estrés, vivida durante el embarazo o cerca del nacimiento, podría potenciar tanto la melancolía como la depresión posparto.

¿Qué pasa con el papá?

Los papás sufren un proceso de ajuste muy importante durante el embarazo. Las reacciones del hombre pueden ser menos intensas y algo más retrasadas pero parecen ser similares a las de la futura mamá. Inicialmente, puede estar muy contento y excitado, pero también puede sentirse enojado y descolocado. En el segundo trimestre puede haber cierta distancia emocional, sentirse celoso y cerrado en sí mismo.

Los cambios de la última parte del embarazo se dirigen hacia el **apego**, la protección y el compromiso con el niño que va a nacer. El padre puede tener una sensación de pérdida de la relación que, hasta el momento, tenía con su mujer.

El papá en la sala de partos

Muchos se preguntarán si siempre es conveniente la presencia del padre en el momento del parto.

Si bien la decisión de presenciar el parto debe ser tomada en conjunto por la pareja, la presencia del papá en ese momento es de mucha trascendencia; como también lo es su participación en el cuidado de los hijos más grandes. La posibilidad de acompañar a la mujer durante el trabajo de parto y en el momento del nacimiento del hijo son experiencias que difícilmente se olviden y que favorecen el primer contacto con el bebé.

El apoyo que el padre brinde para la consolidación de la lactancia es fundamental, y por eso, es bueno que también se involucre en los aspectos relacionados con el amamantamiento. Podrá ponerse al tanto de los beneficios de la lactancia natural y sobre aspectos que tienen que ver con la técnica del amamantamiento. De esta manera, cuando surjan dudas podrán compartirlas entre ambos padres y, seguramente, la mamá se sentirá más contenida y apoyada en los primeros tiempos de esta tarea fundamental para el mejor desarrollo del niño.

No olvidarse de los hermanos

El nacimiento de un hermano requiere un reajuste para los otros hijos, es un momento de estrés. Es importante reasegurar al niño acerca del amor de sus padres y acompañarlo en todo momento. Necesita saber qué va a pasar con él durante todo este proceso. La manera en que se enfrente a esta situación dependerá de la edad del niño y de su temperamento.

Por ejemplo, para un niño menor de 3 años es difícil comprender lo que va a pasar en el futuro, es por eso que la vivencia del embarazo generará bastante ansiedad. Los padres le pueden transmitir las ventajas de lo que significa tener un hermano diciéndole que tendrá un compañero de juegos. Si fuera necesario llevar a cabo algún cambio en la casa, como en el caso de mudarlo de cuarto o de cama, conviene no dejarlo para último momento. Cuanto antes se haga, habrá más tiempo para que el niño se acostumbre a estos cambios.

¿Cuándo conviene contarle al hijo más grande acerca del embarazo?

Una duda que surge habitualmente es cuándo informar al niño sobre el embarazo. Es importante decírselo al mismo tiempo que a todos los otros miembros de la familia, para evitar los "secretos" dentro de la familia. Puede resultar útil esperar hasta el segundo trimestre cuando el embarazo se hace evidente y más concreto para el niño. En los niños pequeños es útil asociar la fecha probable del nacimiento del hermanito con algún acontecimiento que les resulte familiar, por ejemplo la Navidad, las vacaciones o el comienzo de las clases. Otra estrategia para la últimas semanas puede ser la confección de un calendario en el que se van marcando los días que faltan para la llegada del bebé. De esta manera se les acortará el tiempo de espera.

Los padres pueden sentir dudas acerca de cómo podrán compartir tiempo y amor cuando nazca el nuevo hijo. Este proceso de ajuste puede producir algún grado de regresión en el hijo mayor, esto puede pasar durante el embarazo y poco después del parto. Es frecuente que los niños que controlaban bien sus esfínteres se vuelvan a mojar, que se despierten de noche o que hablen como si fueran más pequeños.

Es útil disponer un tiempo del día (no necesariamente muy extenso), para estar con el hijo más grande, desde antes del nacimiento del hermanito y mantenerlo después del mismo. Este será un momento "sagrado" que es importante respetar. De esta manera el niño sentirá que sigue contando con su mamá y su papá y que no ha perdido su amor.

En el caso de tener otros hijos, es importante no sobrecargarlos con el tema del nuevo hermanito, sobre todo si son niños pequeños. A veces el hablar demasiado sobre el nacimiento genera mucha ansiedad y puede traer algunos problemas en el comportamiento del niño.

Es recomendable que participe en los preparativos (si el niño desea hacerlo), anticiparle quién y dónde lo cuidará cuando la mamá esté internada y contarle cómo será el lugar en donde conocerá a su hermano. Los más chiquitos probablemente estarán más caprichosos que de costumbre, especialmente, en los momentos en que el bebé requiera mayor atención. La paciencia, la firmeza y el cariño suelen ser remedios suficientes y la función del padre en estos casos adquiere una importancia trascendental.

Los preparativos finales

En los últimos meses del embarazo se van ultimando los preparativos para el nacimiento del bebé. En la mente y en el cuerpo de la mamá y en el seno de la pareja el bebé ocupa más espacio, está más presente. Seguramente, habrá bastante certeza en cuanto al sexo del niño, pero igualmente, habrá un montón de fantasías e interrogantes acerca de cómo será, cómo se portará, qué tan buenos padres serán, cómo funcionará la familia. Un cúmulo de incertidumbres que empezarán a develarse con el nacimiento del bebé.

Algunas recomendaciones prácticas

Hay algunos aspectos prácticos que atender: preparar el lugar de la casa adonde dormirá el niño, conseguir un moisés o una cuna que tenga un colchón de buena consistencia (que no se hunda fácilmente), ir comprando alguna ropita, conseguir un cochecito de paseo y, en el caso de tener auto, una sillita para que el bebé viaje seguro desde el primer viaje del hospital a la casa.

Aunque no parezca el momento apropiado para hablar sobre prevención de accidentes, es necesario incorporar esta práctica desde los primeros momentos de vida del bebé. Los accidentes no son casualidades ni totalmente "accidentales".

Tal vez la primera exposición de riesgo de un bebé sea el viaje en auto a la salida del hospital.

Como en el resto de la vida de todos nosotros, cuando detectamos una situación potencialmente peligrosa y prevemos conductas que tiendan a minimizar los riesgos, podremos evitar un buen número de accidentes.

Un bebé llevado en brazos en el asiento delantero de un auto tiene un riesgo enorme de sufrir lesiones en caso de un choque automovilístico.

Si bien, viajar en el asiento trasero disminuye la posibilidad de lesiones en un choque, el uso de un asiento especial para bebés es la mejor manera de prevenirlas.

Sillitas de viaje:

- Utilizar sillitas adecuadas para lactantes hasta 8,5 kg. u 11 kg. de acuerdo a las especificaciones del fabricante.
- Nunca colocarlas en el asiento delantero y mucho menos si el automóvil cuenta con bolsa de aire (*airbag*).
- Colocarla orientada hacia atrás en dirección opuesta a la dirección de circulación del automóvil.
- Se pueden usar para los recién nacidos con el adaptador correspondiente.

La visita prenatal: ¿para qué sirve?

Es bueno pensar de antemano en quién será el pediatra, para lo cual es recomendable concretar una o varias entrevistas prenatales (aquí los amigos o familiares pueden contribuir con el nombre de algún pediatra).

Estas entrevistas servirán para conocer al médico, ver la disponibilidad horaria que tenga y aclarar o prever cuáles podrían ser las posibles dificultades que surjan luego del parto.

Esta entrevista también es muy útil para el pediatra, ya que le permitirá conocer antecedentes de las familias de origen de la madre y del padre, que pudieran conducir a tomar alguna conducta específica en los primeros meses de vida del niño.

Es un buen momento para hablar sobre la lactancia, situaciones por las cuales se debe consultar con urgencia, el ritmo de trabajo de la madre y los recursos o apoyos con que cuenta la pareja para ayudar en el cuidado del bebé, entre otros tantos temas.

Es bueno que concurran ambos futuros padres para despejar dudas o preocupaciones y empezar a conocerse con el médico, que muchas veces acompañará a la familia durante muchos años.

Más consejos

Es también útil pensar en alguna o algunas personas que puedan colaborar con la mamá en los primeros días de vida del bebé. El padre es el candidato ideal y natural para esta tarea y también las abuelas pueden dar una buena mano. Además de la baja por paternidad que el padre pueda tomar en su trabajo, es aconsejable que se tome unos días más de vacaciones, para acompañar a la madre y al niño por más tiempo.

En el caso de las madres que trabajan en relación de dependencia dispondrán de unos cuantos días de baja antes y después del nacimiento. Muchas veces este tiempo parece insuficiente y en algunos casos las mamás postergan la vuelta al trabajo. Si trabajan en forma independiente o lo hacen desde su casa, es frecuente ver que retomen sus actividades más precozmente.

Si bien, a veces no es fácil postergar el inicio de la actividad laboral, hay que pensar que "invertir" tiempo con el bebé dará muy buenos resultados, ya que favorecerá un mejor **apego** y un vínculo más sólido con el hijo.

Si durante el embarazo ocurriera una situación de mucho estrés, la capacidad de la familia para adaptarse a estos cambios se podría ver afectada. La pérdida de un ser querido, un estado de excesiva tensión en la relación conyugal, o entre los futuros padres con los futuros abuelos, pueden desviar parte de la energía necesaria para establecer un buen apego con el bebé que está por nacer.

En el caso de que algo de esto sucediera es bueno compartir la preocupación con el obstetra, el pediatra o el psicólogo para tratar de aliviar la tensión.

El embarazo llega a su término, ya falta poco para el parto y para conocer finalmente al hijo o hija y empezar así la maravillosa aventura de ser padres.

El primer mes, el bebé encuentra su lugar en la familia

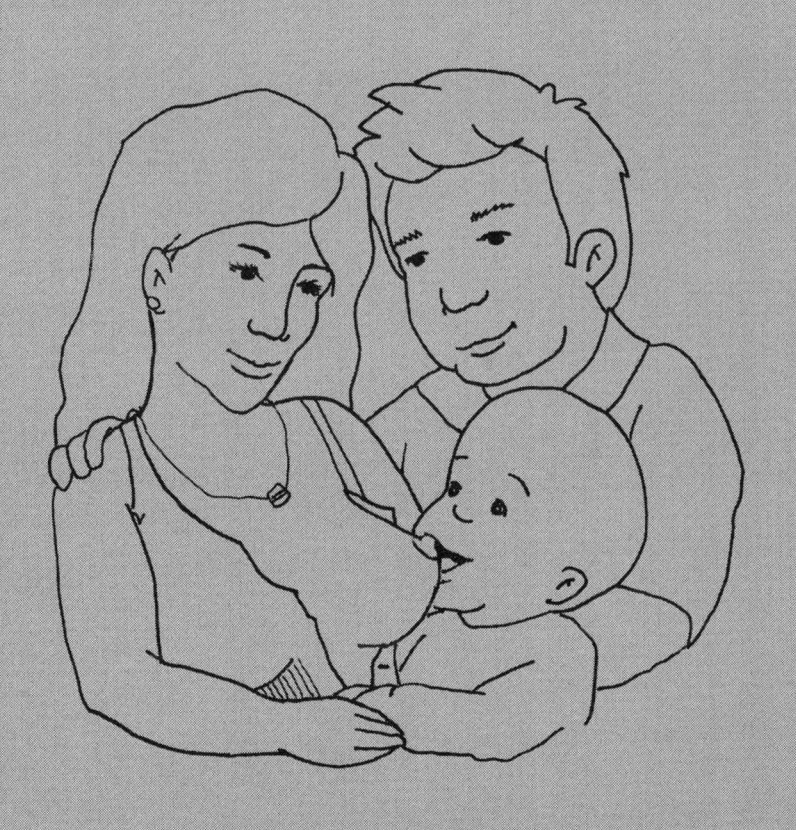

"Mi beba estaba muy tranquila mientras estuvimos en la maternidad, se prendía muy bien al pecho y dormía varias horas de corrido. Yo sentía que de un día para otro ya sabía todo sobre cómo ser mamá, pero cuando llegamos a casa las cosas cambiaron un poco...

Desde que mi hija nació, hace 15 días, no para de llorar. Sólo se calla si está en brazos y prendida a la teta. A la noche, la única manera de calmarla es tenerla conmigo en la cama. Muchas veces me duermo mientras la amamanto y me da miedo aplastarla o que se caiga. El médico descartó cualquier problema y me aseguró que no es que tenga hambre, ya que en la última semana aumentó muy bien de peso."

El llanto

En los primeros meses de vida, el llanto es una de las formas más comunes que tiene el bebé para comunicarnos sus disgustos y necesidades, pero a diferencia de los niños más grandes, no puede modularlo según la intensidad del fastidio. Cuando llora lo hace con "alma y vida", ya sea por un dolor intenso o por una molestia menor y pasajera.

Cuando tenemos un bebé llorón lo primero, como se hizo en este caso consultando al pediatra, es descartar cualquier problema médico que merezca una conducta inmediata (estudios, tratamientos, cambios en la alimentación). Sin embargo, esta situación es la menos frecuente.

La mayoría de las veces ese llanto inconsolable y esa negativa manifiesta a portarse como uno esperaba –dormir, comer, dormir– no encuentra una causa específica y única que lo explique. En la inmensa mayoría de los casos el problema básico reside en el desconocimiento que tanto el bebé como la madre tienen en "darse lo que necesitan uno del otro" en esa etapa de mutuo aprendizaje.

Hay varios factores que pueden contribuir a esta situación. Una es la **experiencia de los padres**. Es más común que sucedan estas cosas con el primer hijo, los padres están descubriendo lo que significa en realidad tener un bebé en casa y los miedos a lo "desconocido" aparecen en primer plano.

También influye el **temperamento del bebé**. Hay algunos que muestran, desde que nacen, un carácter tranquilo y apacible, en contraste con otros que son más inquietos e irritables. Obviamente, estos últimos serán más llorones y demandantes.

El otro factor esencial es el **entorno** y el clima que se genera alrededor de la mamá y su bebé. Si todos los que conviven con la situación –padre, abuelos, tíos, amigos, etc.– se contagian de los "nervios", el resultado puede ser un conjunto de adultos excitados buscando o proponiendo soluciones variadas; muchas de ellas, no sólo erradas sino peligrosas, alrededor de una mamá que se siente incapaz de serlo y un bebé que llora sin consuelo.

¿Cómo calmar al bebé?

El primer paso para mejorar las cosas consiste en aprovechar lo que los adultos tenemos de ventaja sobre los recién nacidos: la capacidad de usar, cuando es necesario, más la razón que el corazón. A pesar de lo dramático que parezca, la situación no es grave en términos de riesgos para el bebé. Lo que madre e hijo requieren es darse tiempo para conocerse y adecuarse a lo que cada uno necesita.

Es importante el contacto íntimo entre ellos, pero con una madre que esté convencida de la función fundamental que tiene en esta tarea y que no se obsesione con la obligación de hacer que su bebé no llore. Si la puesta al pecho es útil no hay por qué racionarla, salvo que la madre esté muy cansada o tenga lastimados los pezones.

Las caricias, los mimos, los paseos y el baño pueden contribuir a mejorar las cosas. Es fundamental la presencia del padre o de otra persona, no sólo para acompañar a la mamá, sino para tomar la responsabilidad de ocuparse del bebé. La única cosa que un papá no puede hacer con su hijo es darle el pecho, pero hay muchas tareas que puede realizar, aliviando a la madre y ayudándola para que descanse. Cuando existe la posibilidad, la ayuda de otra mujer de la familia o del entorno que acompañe y apoye a la madre, puede resultar de gran utilidad.

Con respecto a dormir con el bebé en la misma cama, es una práctica que en general se desaconseja, sobre todo cuando los padres están muy cansados, han bebido o tomado cualquier sustancia que altere el nivel de conciencia y alarma. Si bien el riesgo de que el recién nacido quede apretado por alguno de los padres o enredado en la ropa de cama es muy bajo, no vale la pena correrlo.

Por supuesto que esta recomendación no incluye los momentos en que podemos compartir un rato la cama con nuestro bebé para alimentarlo o jugar con él, práctica muy placentera y recomendable.

En definitiva, el llanto es una situación angustiosa pero con un final feliz la mayoría de las veces. A medida que pasan los días y se afianza la relación del bebé con su mamá, éste empieza a adquirir hábitos y costumbres más tolerables y todos pueden disfrutar de su crianza.

La lactancia

¿Por qué leche materna?

La leche materna es el alimento ideal para el recién nacido y, aunque parezca obvio, es la única que está específicamente diseñada para el ser humano. Amamantar tiene múltiples ventajas para el bebé y para la mamá.

La leche humana cubre los requerimientos nutricionales, tanto en cantidad como en calidad, protege contra infecciones respiratorias y gastrointestinales, y previene la aparición de trastornos alérgicos. Asimismo, la leche humana tiene nutrientes que el bebé necesita para su mejor desarrollo neurológico, una acción de gran importancia en esta primera etapa de la vida, en la cual el sistema nervioso está en plena formación.

Por otra parte, los bebés amamantados en los primeros seis meses tienen una menor frecuencia de ciertas enfermedades que se presentan en la niñez e incluso en la vida adulta (por ejemplo: la diabetes, la hipertensión arterial, la obesidad, la hipercolesterolemia, etc.).

El amamantamiento también beneficia a las madres, ya que disminuye el riesgo de enfermedades, en especial en los pechos. Es también un método anticonceptivo (obviamente no infalible) y permite una más rápida recuperación del peso que tenían antes del embarazo.

Pero no todo es nutrición y protección...

Dar el pecho establece un intercambio de sensaciones afectivas únicas y de esta manera, tanto la madre como el recién nacido, viven una experiencia agradable y emocionalmente intensa, lo cual **facilita el vínculo** entre ellos y la adaptación e integración del bebé al medio que lo rodea.

¿Cuándo conviene empezar a amamantar?

Lo más pronto que se pueda luego del nacimiento, idealmente en la primera hora. Aunque muchas madres piensan que no tienen "nada de leche" siempre hay algo y la cantidad, aunque escasa, es la apropiada para los momentos iniciales, ya que permite que el sistema digestivo del bebé vaya madurando progresivamente. Por otra parte, **la puesta al pecho precoz es el mejor estímulo para que la producción de leche aumente.** Este es el momento en el que pueden aparecer dudas, en especial si la madre es primeriza. Una abuela, una amiga con experiencia, una enfermera o una puericultora pueden ayudar a despejar las dudas y hacer que el inicio de la lactancia sea satisfactorio y eficaz.

"Doctor, ¿es buena esta primera leche, me sale muy poca? ¿le alcanza al bebé?"

El primer alimento que recibe el bebé se llama calostro, que es de color amarillento y resulta suficiente para las necesidades de los primeros días de vida. El calostro es muy bueno para proteger al bebé de las infecciones y es muy rico en energía. Los recién nacidos, habitualmente, extraen entre 5 a 20 ml de calostro por mamada (lo equivalente a una cuchara de té y a una sopera). Puede parecer poco pero, como ya señalamos, es suficiente para sus necesidades.

El llanto, como ya se mencionó, es el indicador de una necesidad del bebé, la mayoría de las veces relacionado con el hambre. En los primeros días, habrá que ir probando si el bebé se calma en primera instancia con el pecho. Puede ser que se calme porque tenía hambre o por el efecto de la succión. No se martirice guiándose por el reloj para medir el tiempo entre cada mamada, conviene amamantarlo cuando a usted le parezca que tiene hambre.

Ni el tiempo que permanece prendido en el pecho ni los intervalos entre las mamadas tienen mayor importancia durante los primeros días.

Algunos quieren "quedarse" en el pecho largo tiempo y otros sólo unos minutos. Es bueno tener presente que, sobre todo en los primeros días, muchos bebés se duermen (a veces profundamente) y suele ser necesario un suave estímulo, por ejemplo, alternar con el otro pecho o cambiarle el pañal, para que reinicien la mamada. Es importante que el bebé vacíe bien al menos un pecho, ya que la leche más "gruesa" está al final de la mamada.

Para los bebés, amamantarse implica un gran gasto de energía. Conviene comenzar cada vez por el último pecho que succionó en el horario anterior, así podrá vaciar ese primero. Sin embargo, algunos bebés, en los primeros días, toman de un solo pecho y con eso les alcanza si lo vacían bien, y esto no debe ser motivo de preocupación.

Para retirar al bebé del pecho es conveniente que la mamá coloque un dedo sobre la aréola, cerca de la boca del bebé, y apriete con firmeza tratando de que el bebé disminuya la fuerza de la succión. De esta forma, se evitan tirones innecesarios del pezón que son dolorosos y que pueden lastimarlo.

La bajada de la leche

Habitualmente, entre el segundo y el cuarto día se produce la llamada "bajada de la leche". Esto suele ir acompañado por calor, turgencia y, en algunos casos, dolor en los senos y fiebre, que son esperables. Algo que suele ayudar es colocarse paños calientes o una bolsa de agua caliente sobre los pechos. Alimentar con frecuencia al bebé aliviará la sensación de plenitud y tensión de las mamas. Si la succión del bebé es insuficiente será necesario extraer la leche manualmente. El calor y los masajes, en especial antes de amamantar, suavizan y ablandan el pecho para que el bebé se pueda prender mejor. Si al finalizar la mamada persistiera la sensación de plenitud, convendrá extraer leche entre cada una de las siguientes mamadas.

Como dijimos anteriormente, la leche materna varía según los días. Al principio es calostro, cambia a partir de la bajada de la leche y también en el transcurso de la mamada. Es más aguada al inicio, para calmar la sed, y más grasosa (con mayor valor calórico) a partir de la mitad de la mamada.

¿Cómo cuidar los pezones?

Es importante proteger los pezones del traumatismo que implica el amamantamiento para evitar las grietas del pezón, que son dolorosas y facilitan el ingreso de gérmenes de la piel, que pueden producir mastitis (infección de la mama), o abscesos mamarios.

Para cuidar los pezones se puede colocar a su alrededor leche materna al finalizar las mamadas, ya que por las defensas que contiene protege la piel del pezón.

Al iniciar la lactancia se pueden usar escudos mamarios que favorecen la aireación del pezón y lo mantienen seco. Siempre que haya alguna molestia se puede colocar una crema hidratante, como la de caléndula, que se deberá retirar antes de que el bebé comience la mamada.

Si el bebé presenta muguet oral (una infección producida por un hongo que forma una membrana blanca en el interior de la boca del niño), se deben limpiar los pezones con bicarbonato de sodio diluido en agua al final de cada mamada y retirarlo antes de la siguiente.

Cuando hay pezones invertidos o poco desarrollados está indicada la pezonera, que favorece su formación y aumenta el vacío de la succión.

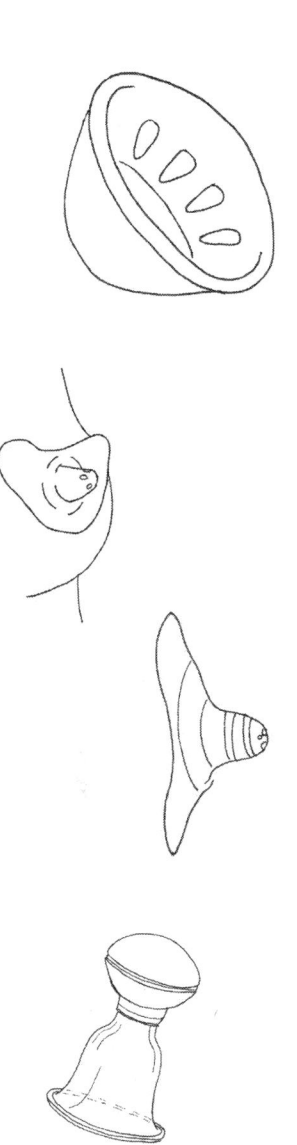

Si durante la lactancia la mamá presenta fiebre, alguna infección u otro problema específico con los pechos (grietas o mastitis) deberá consultar para recibir el tratamiento adecuado.

Por lo general, en estos casos no es necesario suspender la lactancia.

¿Qué pasa si la mamá necesita tomar alguna medicación mientras está dando de mamar?

Si la mamá estuviera recibiendo alguna medicación, surgirá la duda sobre si ésta puede pasar a la leche y tener algún efecto sobre el bebé.

Cada caso requiere una evaluación particular. La mayoría de los medicamentos de uso corriente, como analgésicos (paracetamol, ibuprofeno), antiácidos (como el hidróxido de aluminio) y los laxantes (como el salvado y la leche de magnesia) pueden ser utilizados sin riesgo para el bebé.

En el caso de otros medicamentos, como antibióticos, hormonas, sedantes, anticonvulsivantes, etc., será necesaria la evaluación del médico. A veces se pueden utilizar en las dosis habituales, por ejemplo, antibióticos como amoxicilina o cefalexina; en otras, se tendrán que tomar algunas precauciones. Otros medicamentos están siempre contraindicados durante la lactancia. En este último caso hay que decidir si se puede postergar el inicio de la medicación o suspender la lactancia, de acuerdo con la urgencia o gravedad de la enfermedad o trastorno que padezca la mamá.

Siempre es conveniente consultar con el médico antes de tomar cualquier medicación y comentarle que está amamantando, nunca es buena la automedicación y menos en este período.

Posiciones para amamantar

Existen varias posiciones y cada mamá puede adoptar la que le resulte más cómoda. Es fundamental que la mamá se sienta relajada, cualquiera sea la posición que elija. No es aconsejable dar de mamar siempre en una misma postura. De esta manera se evita que el bebé comprima con el mentón y la lengua los mismos lugares del pezón y la aréola, dejando zonas de la mama sin descargar, que puedan generar quistes de leche que duelan o se puedan sobreinfectar.

Aquí mostramos las posiciones más habituales.

- Sentada: colocar al bebé frente a usted, panza con panza, sostener la cabeza y el tronco con su brazo.
- Inversa: colocar al bebé debajo de la axila, apoyando el vientre sobre sus costillas. El cuerpo y la cabeza deben estar sostenidos con el brazo.
- Acostada: ambos de costado, enfrentados panza con panza.

> *"Federico tiene 15 días y pide el pecho casi siempre cada una hora y media, aunque a veces duerme 3 ó 4 horas seguidas y a la noche me pide cada 2 horas. La verdad es que no sé muy bien cada cuánto darle. Tengo miedo de que se esté quedando con hambre y también me preocupa que no distinga entre el día y la noche".*

En estos primeros tiempos conviene alimentar al bebé cuando él lo pida, esto se llama **alimentación a libre demanda**, y conviene mantenerla así **durante los primeros dos meses**. Los recién nacidos son muy voraces, cuando lloran de hambre es muy difícil calmarlos y lo mejor es alimentarlos. Si se sigue la demanda espontánea del bebé, es muy probable que haga varias mamadas cortas (8 a 10) en el día, separadas por lapsos variables, esto es lo ideal tanto para la madre como para el bebé.

Algunos bebés toman el pecho en horarios regulares, ya desde los primeros días (por ejemplo, cada 3 horas), pero la gran mayoría tiene un ritmo más irregular hasta el mes o inclusive durante más tiempo.

Lo más habitual es que las primeras mamadas sean entrecortadas, el bebé succiona un rato y luego descansa unos instantes, permaneciendo con el pezón en la boca. Si no continúa mamando, un pequeño estímulo alrededor de los labios o con solo retirarlo un poco del pezón es suficiente para que reinicie la succión.

Los recién nacidos no son capaces de distinguir entre el día y la noche, por lo tanto, la frecuencia con la cual se alimentan es la misma a cualquier hora del día. Es bueno tratar de que las mamadas nocturnas sean distintas, que haya menos estímulos, tanto de luces como de ruidos, inclusive es mejor si se puede evitar cambiar el pañal. De esta manera el bebé irá aprendiendo a distinguir entre el día y la noche. Salvo por una indicación médica precisa no es necesario despertar al niño durante la noche para alimentarlo.

Sin embargo, no existe ningún bebé igual a otro, algunos duermen más de noche que de día desde las primeras semanas, para gran alegría de los padres, y otros, por el contrario, se despiertan más seguido a la noche. No hay ninguna medida efectiva para modificar esto último, por eso es necesario tener mucha paciencia.

En la medida que sea factible, es bueno que la mamá trate de dormir en horarios diurnos (por ejemplo, la siesta), eso ayudará a evitar un cansancio excesivo y a disminuir la exigencia a que está sometida.

Si no se puede o se decide no amamantar

Si por alguna circunstancia no se puede amamantar al bebé, o se decide no hacerlo, se podrá ofrecer leche en mamadera. Desde el nacimiento hasta el hasta el 5º mes, se utilizará leche de inicio, en polvo o fluida, y del 6º mes al año de vida, leche de seguimiento, también en polvo o fluida.

La mamadera debe ser de plástico con una tetina, que al darla vuelta haga caer la leche gota a gota.

El pediatra se encargará de indicar el volumen de leche de cada mamadera, que dependerá del peso del bebé.

Cómo preparar el biberón

Primer Semestre

- Las **leches de inicio o maternizadas fluidas** se colocan directamente en la mamadera según el volumen que se necesite.

- Habitualmente estas leches se preparan utilizando 1 medida al ras de las que contiene el envase cada 30 ml de agua hervida.

- Otra opción es **diluir la leche de vaca entera en polvo:**

Leche de vaca entera en polvo	1 cucharadita de las de té (5 g) colmada.
Azúcar	1 cucharadita de las de té, (5 g).
Aceite de maíz, girasol o mezcla.	1 cucharadita de las de café (2 ml).
Agua potable hervida	100 ml (colocar la mitad del volumen, luego agregar las medidas, batir y completar con agua hasta llegar a 100 ml).

- **O la leche de vaca entera fluida diluida a la mitad y enriquecida:**

Leche de vaca entera hervida o larga vida	50 ml.
Agua potable hervida	50 ml.
Azúcar	1 cucharadita de las de té (5 g).
Aceite de maíz, girasol o mezcla	1 cucharadita de las de café (2 ml).

Cómo preparar el biberón

Segundo Semestre

Las instrucciones son para preparar 100 ml. Se deberán duplicar las cantidades para preparar el doble del volumen.

- Las **leches de seguimiento o modificadas fluidas** se colocan directamente en la mamadera, según el volumen que se necesite.
- Las **leches en polvo modificadas** se preparan igual que las maternizadas o de inicio (3 medidas de leche en polvo al ras cada 100 ml).
- La **leche de vaca entera en polvo diluida:**

Leche entera en polvo	1 cucharada sopera al ras.
Azúcar	1 cucharadita de las de té (5g).
Agua potable hervida	100 ml (colocar primero la mitad del volumen, agregar las medidas de leche en polvo y el azúcar, batir y luego completar con agua hasta llegar a 100 ml).

- **O la leche de vaca entera fluida diluida a los 2/3:**

Leche de vaca entera hervida o larga vida	70 ml.
Agua potable hervida	30 ml.
Azúcar	1 cucharadita de las de té (5 g).

Los cólicos

"Nuestro bebé tiene momentos de llanto difíciles de consolar casi todos los días. Muchos nos dicen que son cólicos y nos han sugerido diversas soluciones. Me dijeron que hay cosas que no puedo comer ni tomar, porque sino mi leche le va a aumentar los gases. También me recomendaron una variedad de medicamentos y remedios caseros, pero no me animo a dárselos porque escuché que muchas de estas sustancias pueden ser peligrosas para el bebé."

El problema de los gases suele presentarse un poco más adelante, alrededor de la tercera o cuarta semanas de vida. Puede tratarse de un bebé que fue llorón desde el principio o que haya tenido, hasta ese momento, un comportamiento envidiable.

Los papás notan que en algunas horas del día (puede ser en cualquier momento, pero no es raro que sea a la tardecita) el bebé tiene un acceso de llanto intenso, se pone fastidioso e irritable y es muy difícil calmarlo. Esto puede durar algunas horas y repetirse a lo largo de los días, a veces con intervalos de calma. Fuera de este episodio el bebé se muestra totalmente normal y llamativamente, a los pocos minutos de cesar el llanto, está como si nunca le hubiera pasado nada.

Una consulta oportuna con el pediatra permitirá descartar cualquier problema de salud y, sobre todo, certificar que el bebé se está alimentando bien. Es muy común que en aquellos niños que toman pecho, la madre piense que no tiene suficiente leche o que ésta es de mala calidad y que el bebé llora de hambre. Lo más habitual es que estos recién nacidos tengan una curva de peso excelente, o sea que están creciendo muy bien, lo que permite confirmar que el hambre no es el desencadenante de las crisis de llanto.

En realidad, se desconoce cuál es el motivo específico de estos episodios, pero se ha creado un acuerdo tácito entre médicos y padres para atribuirlos a cólicos o "dolores de panza" y en función de esta idea se han intentado, a lo largo del tiempo, diversos tratamientos de toda índole.

Remedios que "no remedian"

Los remedios caseros, como té de manzanilla o anís estrellado, los paños de alcohol y otras prácticas que eran muy comunes años atrás, por suerte, son hoy mucho menos frecuentes. No sólo no han demostrado ninguna utilidad para resolver el problema, sino que han generado una gran cantidad de intoxicaciones graves, muchas veces con desenlace fatal.

Lo mismo se puede decir en general de los "remedios serios" que indicamos los médicos. Ni las gotitas para los gases, ni los antiespasmódicos producen efectos claros y seguros, con el agravante de que, al igual que los "yuyos", algunos pueden producir efectos tóxicos graves.

Otro intento fue relacionar estos cólicos con algunos alimentos que consume la madre, especialmente la leche o sus derivados, pero tampoco se pudo hallar una correlación firme y segura que permita hacer una recomendación general. Sin embargo, si alguna mamá cree que evitando algunas comidas obtiene algún resultado positivo, no hay ningún riesgo para ella ni para el bebé que así lo haga.

Lo más habitual es que con el correr de las semanas estos episodios de cólicos se vayan atenuando y espaciando hasta desaparecer, en general, antes de los 3 meses de vida del bebé.

Los mejores resultados se obtienen si se puede mantener la calma y tratamos de buscar, en el contacto íntimo con el bebé y a través de la contención que le podamos brindar, alguna manera de atenuar la intensidad y la duración de estos "ataques". De todas formas, es fundamental recordar que no existen riesgos para el bebé, ni siquiera si, en alguna circunstancia, la mejor solución que podamos encontrar es dejarlo llorar un rato.

Conocer que es una expresión normal en este período y que no responde a problemas de alimentación o físicos es importante para poder acompañarlos sin angustia ni temor, buscando la mejor manera de calmarlos (alzándolo y hamacándolo boca abajo, sacándolo a pasear en el carrito, cantándole) sin sacudirlo, ya que este movimiento lo puede lastimar y más allá de calmarlo le generará más angustia y llanto.

Características del cólico del lactante

- Episodios inesperados de llanto que duran 3 ó más horas por día, aparecen 3 ó más veces por semana durante más de 3 semanas.
- El llanto es más intenso y frecuente que lo habitual para un bebé de esta edad.
- El crecimiento de los niños es normal.
- Generalmente comienzan en la segunda semana de vida, hacen un pico de máxima intensidad a las 6 semanas y van desapareciendo alrededor del tercer mes.
- Pueden ocurrir en cualquier momento del día aunque son más frecuentes al finalizar la tarde.
- Ocurren tanto en bebés amamantados como en los que toman mamadera.
- Son tan frecuentes en varones como en mujeres.
- Aparecen en todas las culturas.
- En los bebés prematuros aparecen más tarde, en relación a su edad corregida.

Chupete ¿sí o no?

Los recién nacidos presentan un reflejo de succión que es indispensable para su supervivencia porque les permite satisfacer sus necesidades nutritivas, además de otras de orden psicológico.

Inicialmente, los bebés buscan con su boca cuando se los estimula en las mejillas o los labios. Este reflejo innato va desapareciendo hacia el cuarto mes convirtiéndose en un reflejo adquirido.

Succionar el pecho requiere un esfuerzo enorme, eso explica por qué los recién nacidos se cansan durante la succión.

La manera en que succionan el pecho materno es muy distinta de la requerida para succionar la tetina de un biberón, por lo tanto, no conviene confundirlos ofreciéndoles el biberón en los primeros días de vida.

La succión, además de ser nutritiva, calma al bebé. Esto es lo que llamamos "succión no nutritiva". Los bebés también se calman succionando su dedo o cuando se les ofrece un chupete.

La preguntas que surgen aquí son: ¿es bueno el chupete?, ¿trae algún problema para el niño?, ¿hay riesgo de que deje de tomar el pecho?, ¿trae algún beneficio?

Ventajas e inconvenientes del uso del chupete

Hubo un tiempo en que se desaconsejaba el uso del chupete, por suerte para los bebés hemos comprendido que satisfacer su necesidad de succionar es bueno para ellos.

El problema radica en el uso prolongado del chupete.

¿Cómo tendría que ser el chupete?

- De una sola pieza.
- De material no tóxico.
- Con una tetina suave y lisa de tamaño adecuado para la edad del niño.
- Con un escudo flexible para evitar traumatismos y con orificios antiahogo.
- Con una anilla para sujetarlo.
- Con una cinta con broche de seguridad para sujetarlo a la ropa.

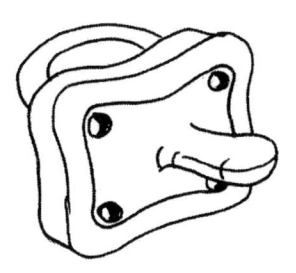

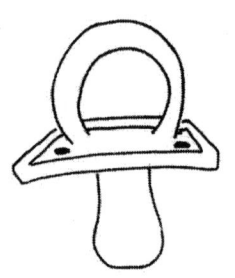

Cuidados y precauciones a tener en cuenta con el chupete

- Dejar que el bebé decida si necesita usar el chupete y cuándo hacerlo.
- No atar el chupete al cuello, brazo o mano del bebé.
- No atar el chupete a la cuna.
- Nunca utilizar la tetina del biberón como chupete, ya que podría desprenderse del marco con una succión muy fuerte, ser aspirado y asfixiar al bebé.

- No impregnarlo con miel, jugos, azúcar, leche condensada, ni otras sustancias.
- Hervir el chupete antes de usarlo y lavarlo frecuentemente, sobre todo si el bebé es menor de 6 meses, para no exponerlo a gérmenes.
- Después de esta edad, el riesgo de infecciones por esta vía es menor, por lo cual, bastará con lavarlo con jabón y enjuagarlo asiduamente o cuando cae el suelo.
- Cambiarlo cuando se deteriore (grietas, perforaciones, cambio de color, etc.) o cada 2 meses aunque no tenga signos de deterioro.

La OMS y UNICEF recomiendan no ofrecerle el chupete al bebé en las primeras semanas de vida y hasta que la lactancia materna esté bien instaurada. Chupetes y tetinas artificiales confunden al bebé y dificultan la lactancia materna si todavía no han aprendido a mamar.

(OMS: Organización Mundial de la Salud, UNICEF: United Nations Children's Fund)

Las ventajas del chupete

- Induce tranquilidad y calma al niño.
- Previene el hábito de succión del pulgar.
- Estimula el reflejo de succión en los prematuros.
- Previene la muerte súbita, según algunos trabajos científicos.

Los inconvenientes del chupete

- Puede acortar el período de lactancia materna.
- Puede aumentar el riesgo de infecciones orales: no es aconsejable que el adulto lo limpie en su boca y se lo dé al bebé.
- Se relaciona en algunos casos con aumento de la otitis media aguda en niños que presentan infecciones de las vías aéreas superiores.
- Puede haber alergia al látex del chupete.
- Puede provocar accidentes con aspiración de alguna parte del chupete o asfixia con las cadenas que se sujetan al cuello.

¿Hasta cuándo es bueno que el bebé use el chupete?

En general, es recomendable que a partir del año se desaliente el uso excesivo del chupete. Pero no hay que obsesionarse. Las presiones y los castigos suelen ser contraproducentes y pueden reforzar el hábito.

Conviene relacionar el uso del chupete con los momentos en que el niño se va a dormir, con la premisa: "el chupete no sale de la cama".

La urgencia por suspender este hábito tiene que ver con las alteraciones dentarias que puedan producirse.

La mayoría de los niños deja el chupete entre el año y medio y los dos años sin que se hayan creado grandes problemas.

El crecimiento

"Hoy llevamos al bebé a control, acaba de cumplir 15 días y recién recuperó el peso que tenía cuando nació, pero creció un centímetro de largo. El pediatra dijo que esto es normal, pero yo pensaba que tendría que haber aumentado más."

Ciertamente que esta es una situación normal. Cuando los bebés nacen pesan alrededor de 3 a 3,5 kg en promedio. En los 2 primeros días bajan un 10 a 15% de su peso. Esto se debe, principalmente, a que pierden líquido. Como decíamos más arriba, en 10 a 15 días recuperan el peso de nacimiento.

¿Cuál es el aumento normal de peso durante el primer mes de vida?

Los recién nacidos aumentan entre 20 a 30 gramos diarios o sea que en un mes pueden aumentar entre 600 y 1000 gramos. Esto es independiente del tipo de alimentación que reciba (lactancia materna o artificial).

En cuanto a la talla, los recién nacidos miden, en promedio, 50 cm y en este primer mes pueden crecer entre 2 y 4 cm.

También es importante el crecimiento del perímetro cefálico. Para poder pasar por el canal de parto los huesos del cráneo se superponen entre sí y el perímetro de la cabeza es de unos 35 cm, pero aumenta rápidamente entre 2 y 3 cm. El perímetro cefálico está relacionado con el crecimiento cerebral.

El ombligo y la piel

El cordón umbilical une al bebé con la placenta para que le lleguen los nutrientes y el oxígeno necesarios durante el embarazo. En el momento del parto estas funciones son asumidas por el recién nacido y el cordón umbilical deja de ser necesario, por lo cual, se corta a los 2 a 3 minutos después del parto. Estos minutos sirven para que un poco más de sangre de la placenta pase al bebé, lo cual mejorará sus depósitos de hierro ayudando a mejorar la anemia que, habitualmente, todos los bebés tienen.

Cuando el cordón umbilical se corta queda un resto de unos 2 cm que se va secando gradualmente y se cae luego de unos días para formar el futuro ombligo. Es conveniente mantener el cordón **limpio** y **seco,** en caso de que se moje, se puede secar con un paño para evitar problemas.

Habitualmente, se recomienda limpiar la base del cordón con alcohol 2 ó 3 veces por día. Es bueno dejarlo en contacto con el aire, para lo cual se puede doblar el borde del pañal de modo que no lo cubra.

Si el cordón umbilical tiene una secreción amarillenta y maloliente o si la piel de alrededor está enrojecida y sensible, consulte con su pediatra.

Conviene esperar que el cordón se caiga de manera natural, incluso si sólo cuelga de un hilo. Luego de caer pueden aparecer unas gotas de sangre durante unos días. Es un hecho que no debe preocupar, ya que desaparece espontáneamente apenas el tejido del ombligo va cicatrizando.

A veces el ombligo parece salirse para afuera, especialmente cuando el bebé llora. Esto se conoce como hernia umbilical. No hay modo de prevenir su aparición y, generalmente, desaparece espontáneamente cuando el niño empieza a caminar y los músculos del abdomen se fortalecen.

"Juan nació a las 38 semanas (8 meses y medio) cubierto con una 'grasita' que después de unos días desapareció, pero ahora que ya tiene 10 días de nacido se está descamando todo, en la carita tiene unos granitos blancos y en la espalda unos puntos rojos."

La piel del recién nacido es delgada y presenta frecuentemente manchas y erupciones.

Al nacer es normal que los niños estén cubiertos por una sustancia blanquecina y oleosa llamada **unto sebáceo**. Es, probablemente, una protección dentro del útero y, tal vez, luego del nacimiento disminuya la posibilidad de infecciones en la piel. No conviene sacarla, ya que desaparece sola en unos días.

También puede existir una **descamación** normal de la piel, localizada en un área o generalizada en todo el cuerpito. Comúnmente, comienza luego de unos días y es máxima a la segunda o tercera semana. En general, desaparece en forma espontánea antes del mes y no hace falta colocarle ninguna crema, aunque si la piel está muy seca se puede colocar un poco de óleo calcáreo (el mismo que usan para limpiarle el culito).

Los granitos blancos muy pequeños se llaman **millium**. Se producen por el taponamiento de las glándulas sebáceas. Se pueden ver en el dorso de la nariz, frente, mejillas y labio superior. Desaparecen solos en las primeras semanas.

El llamado **eritema neonatal** es la erupción más frecuente de los recién nacidos. No se conoce la causa, se inicia entre las 24 a 72 horas presenta distinto tipo de lesiones, aunque predominan las manchas rojas en cualquier parte del cuerpo, menos en las plantas de los pies y palmas de las manos. Desaparecen en forma espontánea entre el 7° y 10° día y no representan ningún tipo de riesgo para el bebé.

La **sudamina** es una erupción como gotas de rocío por retención el sudor y ocurre en los días calurosos, cuando hay calefacción o abrigo excesivo.

No es necesario abrigar mucho al bebé, solo algo más de lo que los padres se ponen. En días muy calurosos conviene bañar al bebé más de una vez y tenerlo en un ambiente fresco (se puede emplear ventilador o aire acondicionado a 22 grados).

La mal llamada "**mancha mongólica**" es una mancha azul grisácea, de tamaño variable, que no tiene una clara explicación. Por lo común, se ubica en la región baja de la espalda, pero se la puede ver en otros sitios. Es frecuente en nuestra población y en la mayoría de los casos desaparece alrededor de los dos años.

Evacuaciones, regurgitaciones y vómitos

"Estoy preocupada porque Federico hace caca 7 veces por día y son muy líquidas, ¿tendrá diarrea?"

La frecuencia con la que los bebés tienen evacuaciones es muy variable. Pueden tener una evacuación durante o a continuación de cada mamada, una por día, o incluso cada 2 ó 3 días. Todo esto es normal.

Las características de las "cacas" se van modificando con el correr de los días. Comienzan siendo espesas, negras y pegajosas (meconio), luego el color es verdoso y, después de algunos días, toman un color amarillento y son desligadas (flojas). A veces las madres se atemorizan cuando su bebé, a partir del tercer o cuarto día de vida, tiene evacuaciones líquidas "diarreicas". Esto es debido a que el bebé comenzó a tomar más leche y el intestino se está adaptando en forma normal a la alimentación. Existe un reflejo que se llama gastrocólico, por el cual cuando el estómago se distiende luego de recibir el alimento, el colon o intestino grueso se contrae, estimula el movimiento del intestino y provoca una ida al baño.

Cuando un bebé no tiene evacuaciones por uno, dos o más días, no es motivo de alarma, sobretodo si *elimina gases*, *no vomita* y continúa *comiendo bien*. Si bien algunos bebés no tienen evacuaciones por varios días, será mejor consultar al pediatra si está molesto, con el abdomen distendido (inflamado) o inapetente.

Regurgitación y vómitos...

Es muy frecuente que los recién nacidos regurgiten una pequeña cantidad de leche, en especial luego de las comidas. La leche del estómago asciende hasta el esófago y luego sale por la boca. Habitualmente, esto va disminuyendo en los primeros meses, a medida que mejora el tono del esfínter esofágico (ubicado en la unión entre el esófago y el estómago), y deja de ser frecuente a partir del momento que se incorporan alimentos semisólidos.

No hay que preocuparse en la medida que el bebé aumente bien de peso y no esté excesivamente irritable, como si tuviera dolor. Frente a cualquier duda siempre es mejor conversar con el pediatra.

El sueño

El sueño es una actividad muy importante para el ser humano y va madurando a lo largo del tiempo. En los primeros días de vida los ciclos de sueño son de 2,5 a 4 horas que se repiten varias veces a lo largo del día. Así, el bebé puede dormir inicialmente entre 16 y 18 horas diarias. No tiene establecido un ciclo diario y por lo tanto, no distingue entre el día y la noche. Para que se establezca un ritmo de día y noche hay elementos de la maduración del niño y factores externos que lo posibilitarán.

Es necesario que los bebés **duerman boca arriba,** ya desde su estadía en la maternidad y, al menos, durante los primeros seis meses. Ya no existen dudas de que esta práctica no implica ningún riesgo para ellos y muy por el contrario, tiene beneficios evidentes.

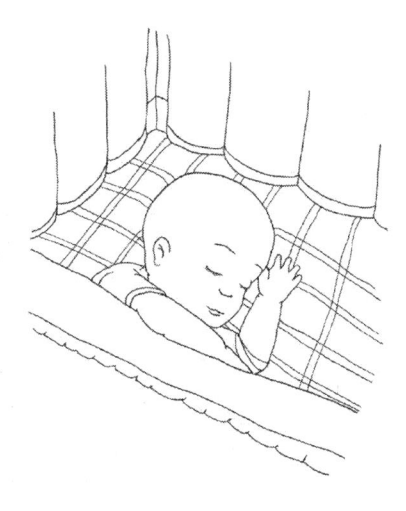

Esta posición ha demostrado ser el factor más importante para disminuir el riesgo de la "muerte súbita del lactante", junto a otras medidas generales tales como: mantener al niño en un ambiente libre de humo de cigarrillo, con poco abrigo y/o calefacción y alimentado con pecho materno.

También es conveniente que los bebés duerman con los brazos por fuera de las sábanas y mantas y que los pies contacten con el borde de la cuna, lo cual evitará que se deslice y quede cubierto por la ropa de cama.

Solo en el caso de que el bebé esté despierto conviene colocarlo boca abajo, sobre el cuerpo de la mamá o del papá o sobre una superficie firme. Esto le permitirá ejercitar los músculos de la espalda y de la nuca.

Es recomendable que duerma en la **misma habitación con los padres durante los primeros meses**. No es necesario que lo muden rápidamente, aunque el momento de cambiarlo de cuarto será una decisión de ambos padres.

Estados de conciencia

Para comprender y relacionarse mejor con el bebé es conveniente conocer los diferentes **estados de conciencia** a fin de poder reconocerlos mejor. Esto permitirá comprender varias de las conductas del bebé en los primeros meses.

¿Cómo se reconocen estos estados de conciencia?

- **Sueño profundo:** los ojos están cerrados, la respiración es regular y sin ninguna actividad muscular, excepto algunas pequeñas sacudidas.
- **Sueño ligero:** ojos cerrados, a través de los párpados se pueden observar movimientos oculares. Escasa actividad

muscular con algunos movimientos incoordinados y sacudidas.

- **Somnolencia**: semidormidos, con los ojos semiabiertos o cerrados. El nivel de actividad es moderado y alternante, por momentos se despiertan y, en otros, dormitan superficialmente.

- **Alerta**: mirada brillante, con marcada atención hacia la fuente de estimulación y escasos movimientos.

- **Activo:** actividad muscular considerable, movimientos repentinos de prensión en ambos miembros superiores y de empuje en los miembros inferiores. Puede estar agitado e irritable.

- **Llanto:** suele ser intermitente, aunque a veces dura varios minutos (que parecerán horas). El llanto es el lenguaje del bebé y a través de éste se expresa. Por lo tanto, no tiene la misma connotación que le dan los adultos, habitualmente asociado a la tristeza, el dolor o a situaciones emotivas.

- Para el bebé, el llanto representa algo que desea transmitir, puede ser hambre, calor, frío, o simplemente ganas de que lo levanten y que le presten atención.

Estos estados de conciencia nos muestran cómo, en esos diferentes momentos, se modifica la forma en que los niños responden a los estímulos.

Cuando el bebé esté en estado de **alerta** conviene aprovechar ese momento para "hablar" con él. Colóquense enfrente a una distancia cercana y si es necesario llámenle la atención, hablando suavemente, haciendo morisquetas o moviendo la cabeza en forma lenta hacia ambos lados. Cuando el bebé tenga alrededor de un mes, podrá seguir con la mirada los movimientos de la persona o la cosa que tenga en frente.

En las primeras semanas este estado de alerta tranquilo ocurre pocas veces en el día, por lo tanto, hay que aprovecharlo, ya que es un momento único y muy gratificante, tanto para los padres, como para el bebé. A medida que el niño va madurando los períodos de alerta ocurren más frecuentemente.

En los momentos en que el bebé está despierto, pero irritable y lloroso, conviene tomar conductas agradables para él, que ayuden a calmarlo.

Las caricias tienen en general, una acción tranquilizadora. Cuando nos acarician, en nuestro cerebro se producen sustancias que producen sedación y disminuyen la sensación de dolor. El tacto es una forma de lenguaje a través de la piel. Es algo esencial en el ser humano y de enorme trascendencia para el recién nacido y sus padres. Ser acariciados, tocados, masajeados, es un "alimento" para los niños pequeños, fundamental para lograr un desarrollo y crecimiento adecuados.

Otra acción que tranquiliza mucho al bebé, probablemente una de las más efectivas, es mecerlo suavemente, en brazos, en una hamaca o en el mismo moisés. Esto, o el simple movimiento en el carrito, son excelentes medidas para calmarlo. Es importante que los movimientos sean suaves y con un ritmo similar; de ser bruscos pueden ocasionar el efecto contrario, es decir, excitarlo más.

El ambiente, ¡mejor no fumar!

La única manera de proteger a los hijos de los efectos del tabaquismo pasivo es lograr hogares libres de humo.

Fumar en otra habitación de la casa, donde ellos no se encuentren, los expone igual al humo ambiental por la difusión del mismo por el aire. Por lo tanto, en caso de que alguien tenga que fumar en la casa, deberá hacerlo siempre en lugares abiertos y afuera.

Es importante que los padres que fuman puedan plantearse dejar de hacerlo en un futuro cercano.

Si alguno o ambos padres fuman, los niños/as podrán tener más riesgo de:

- sufrir con mayor frecuencia enfermedades respiratorias y otitis agudas;
- episodios de ALTE (sensación de que el bebé no respira y que hay que hacer algo para reavivarlo);
- problemas de conducta y de aprendizaje en la edad escolar;
- aumento de la probabilidad de que fumen en la adolescencia por haber tenido ese modelo.

El baño

"En casa todos estamos deseosos de darle el primer baño a Clarita, pero nos preguntamos cuándo podremos hacerlo. Mi mamá me dijo que hay que esperar unos cuantos días después de que se caiga el cordón umbilical y que es mucho mejor si lo hacemos a la noche, antes de acostarla a dormir."

Habitualmente, se recomienda hacer el primer baño un día después de que se caiga el cordón umbilical. No es necesario un horario fijo, ni que sea todos los días. En general, se elige la última hora de la tarde, como para ir armando una rutina, que facilite la organización del sueño del bebé. Pero se lo puede bañar en cualquier momento, incluso luego de alimentarlo.

Si lo relaja, puede ser parte de la inducción del sueño, pero si lo enoja y lo deja más tenso, se deberá amamantar después, para que se relaje y pueda dormirse.

En verano conviene bañarlo todos los días y en días muy calurosos más de una vez. Es bueno que el baño sea un momento agradable, del cual, eventualmente, participe toda la familia.

La temperatura ambiente debe ser templada. El lugar del baño debe estar a una altura adecuada para poder sujetar con comodidad al bebé. Antes de poner al bebé en el agua hay que asegurarse de que el agua no esté demasiado caliente, usar jabón neutro y en muy escasa cantidad. No es imprescindible lavarle la cabeza, tal vez una vez por semana con el mismo jabón del cuerpito, teniendo cuidado de que no entre en sus ojos. La nariz y los oídos no necesitan lavarse, ya que poseen un sistema propio y natural de limpieza. La parte externa de las orejas se puede higienizar con un algodón humedecido en agua tibia.

Algunos bebés no disfrutan para nada de sus primeros baños, lloran sin parar todo el tiempo. Esto puede ser porque cuando sostenemos a un recién nacido (hasta el tercer mes de vida) boca arriba en la bañadera se desencadena un reflejo normal (reflejo de Moro) que les hace mover los brazos, dando la impresión de que está asustado. Para disminuir esto es conveniente sostenerle los bracitos apretados al cuerpo.

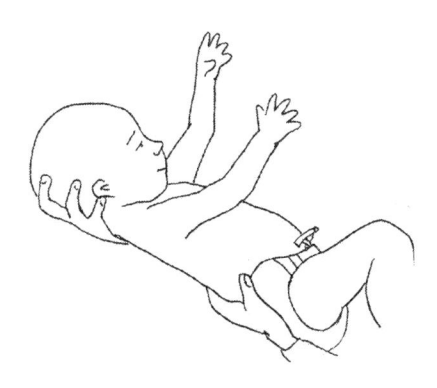

Los genitales de las bebas se deben limpiar sólo en la parte externa de los labios mayores, con un algodón, de adelante hacia atrás. No es necesario limpiar el interior de la vulva.

En los varones no es conveniente retraer el prepucio, ya que la piel puede quedar "atascada" y eso es muy doloroso.

La higiene del culito debe hacerse preferentemente con óleo calcáreo, tratando de evitar los productos con perfumes y las cremas medicinales, que sólo se deben usar por prescripción médica.

Las uñas se pueden cortar luego de unas semanas. Se pueden utilizar tijeras especiales de punta roma, o también pueden limarse suavemente.

Hipo, ruidos y estornudos

Los bebés presentan hipo muy seguido, es un reflejo que a veces es muy intenso. Esto no les trae ninguna consecuencia desfavorable e incluso se pueden alimentar en esos momentos. La frecuencia del hipo disminuye sensiblemente a partir del primer mes.

Los estornudos son muy frecuentes, también son reflejos y no significan que estén resfriados. Al igual que el hipo van disminuyendo después de las primeras semanas.

Los temblores, estremecimientos y "sustos" son normales y habituales.

Los ruidos y las pausas breves mientras respiran, en especial cuando duermen, son normales y persisten durante los primeros meses.

Los sentidos

"Mi hijo tiene 15 días de vida, nació de término, sano, pero cuando le estoy dando el pecho no me mira. Me preocupa pensar que no vea, ¿cómo puedo hacer para darme cuenta?"

¿Qué miran los bebés?

Los bebés ven desde el nacimiento los objetos cercanos y, muchas veces, lo demuestran cuando dirigen su mirada en dirección a una luz suave. Algunos, cuando son muy pequeños y están prendidos al pecho, suelen tener los ojos cerrados, como signo del esfuerzo que les demanda el amamantamiento, mientras que otros, ya más maduros, pueden mirar a su mamá o a la persona que lo esté alimentando mientras comen.

Seguramente, como en la situación planteada, la gran mayoría de los bebés no tiene problemas en la visión. Para comprobarlo, la mamá o el papá se pueden colocar "cara a cara" frente a él. Una vez que el bebé enfoca el rostro se sentirá atraído e interesado por él. Si uno se mueve lentamente es probable que pueda seguirlo y hasta es posible que el bebé nos imite, si abrimos la boca o sacamos la lengua.

Como señalamos antes, es mejor aprovechar el estado de alerta para hacer este contacto visual con el bebé.

Los bebés prefieren las caras humanas a ningún otro objeto. Les atraen los ojos, la boca y el contorno de la cara. También, les llama la atención las imágenes con mucho contraste, como puede ser un oso panda o una cebra y los colores más intensos como el rojo y el naranja.

En esta etapa no es conveniente que se coloquen móviles en la cuna, éstos son útiles después del mes y medio, cuando los bebés pueden seguir muy bien con la mirada; antes de esa edad puede cansarlos o sobreestimularlos. En caso de utilizarlos será mejor ubicarlos de manera tal que el bebé, que está dentro de la cuna o el moisés, los vea fácilmente.

Puede suceder que el bebé no quiera mirar lo que se le ofrece, desviando la mirada o cerrando los ojos. En ese caso es mejor no insistir, ya que puede ser que esté fatigado y prefiera otro tipo de intercambio o simplemente tranquilidad.

Asimismo, es bueno recordar que es conveniente cambiarlo de posición en los momentos en que está despierto, ya que de esa forma podrá percibir el mundo y su cuerpo desde diferentes perspectivas, y si estaba inquieto podrá calmarse.

Los cambios de posiciones también colaboran para que su cabecita no se "achate" del lado donde apoya más frecuentemente.

Cuando un bebé oye un sonido interrumpe sus movimientos, pero no es capaz de darse vuelta hacia la fuente que origina el sonido.

Análisis de sangre en el recién nacido

"Doctor, cuando Federico nació le sacaron sangre para hacerle un análisis, ¿para qué sirve?"

Con una sola gota de sangre se pueden detectar enfermedades metabólicas y endocrinológicas, como por ejemplo: fenilcetonuria e hipotiroidismo, que no dan síntomas precozmente, pero que si se tratan en los primeros días de vida se evitará la aparición de secuelas. Estos estudios también permiten detectar otras enfermedades como la fibrosis quística de páncreas. A estos análisis se los conoce en general como FEI, sigla que corresponde a la Fundación Endocrinológica Infantil, que fue la promotora de que se realicen estos estudios en forma obligatoria.

Esta estrategia de diagnóstico precoz se conoce como pesquisa y se puede extender a otros aspectos o enfermedades, en ésta y en otras épocas de la vida.

Por ejemplo, las pesquisas de audición, que se realizan mediante un estudio llamado **otoemisiones acústicas,** que permite comprobar si la vía auditiva está indemne, o sea, que el bebé escucha bien. En caso de resultados dudosos, la evaluación se completa con estudios más específicos.

Otra práctica que se hace en algunos centros es la ecografía de caderas para detectar su luxación. En el caso de dudas en las maniobras que hace el neonatólogo para evaluar la cadera, parto con presentación pelviana y/o antecedentes familiares de luxación congénita de caderas, siempre se debe realizar la ecografía dentro de los 3 meses de vida.

También, en el transcurso del primer mes de vida es necesario que el pediatra o neonatólogo hagan una evaluación visual.

De 2 a 4 meses. Consolidando la adaptación

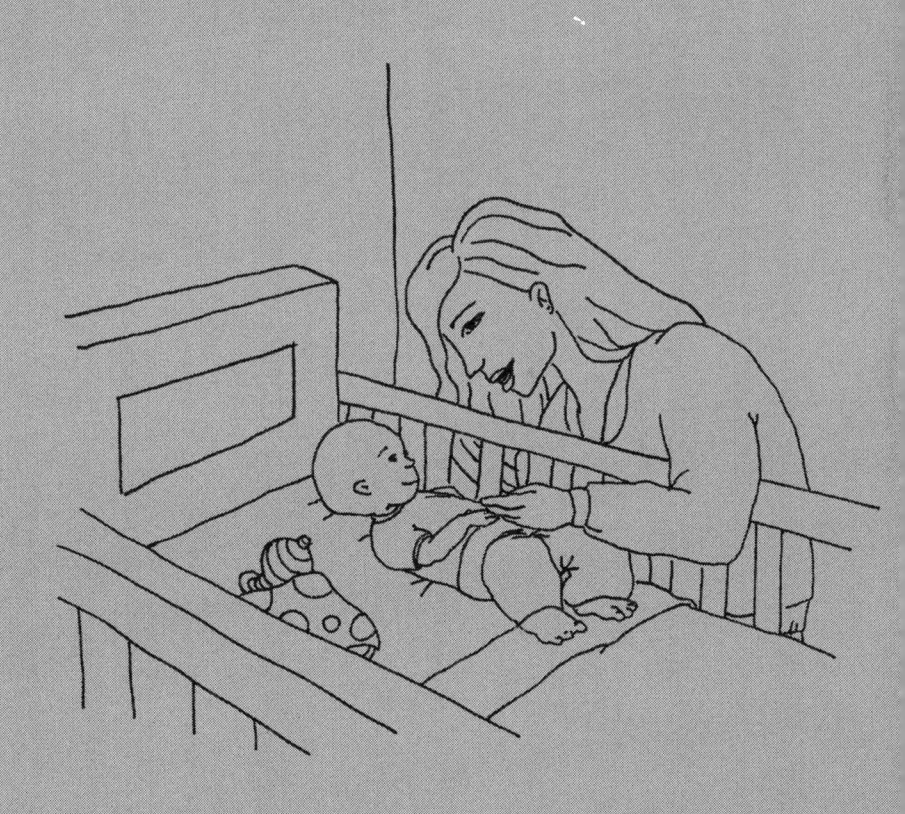

"*Matías toma el pecho más o menos cada 3 horas, en los dos últimos días empezó a dormir 4 ó 5 horas seguidas a la noche ¿Tendré que despertarlo para darle el pecho?*"

"*Todavía sigue con cólicos, sobre todo a la noche, parece que nos tomó el tiempo y quiere que lo alcemos, se acostumbró a estar en brazos. Pero también es cierto que ahora lo podemos calmar un poco más fácilmente, empezó a sonreír y a disfrutar cuando lo bañamos y jugamos con él.*"

Al llegar al segundo mes, el bebé empieza a ser más previsible. Comienzan a aparecer ritmos en la alimentación y en el sueño.

El conocimiento entre la mamá y el bebé va aumentando y por lo tanto resulta más fácil calmarlo.

Cuando los padres responden adecuadamente a las necesidades del bebé se establece una sincronía, hay una necesidad del niño (por ejemplo: hambre) a la cual los padres le dan un significado y una respuesta, darle de comer, que lo calma y satisface. En la medida que los padres se sienten capaces de responder a las necesidades físicas y psicológicas del niño, aumentan su seguridad y confianza, lo mismo le sucede al niño.

El bebé comienza a grabar en su memoria toda esta experiencia como un conjunto y al volver a sentir hambre se reactiva ese recuerdo, aprendiendo que puede esperar hasta que la madre le provea nuevamente el alimento. De esta manera, empiezan a aparecer los primeros esbozos de pensamiento y de diferenciación entre el mundo externo del interno (la mamá no es parte de su cuerpo).

Sonrisa social

A esta edad aparece la sonrisa dirigida hacia el otro, se la conoce como **sonrisa social**. Hasta aquí, el bebé sonreía muchas veces durante el sueño, la alimentación o sin dirigirse a nadie en particular. Inicialmente, esta sonrisa aparece en respuesta a un rostro humano o a una voz, y luego es espontánea, buscando desencadenar una respuesta en los otros. El interés por las personas, especialmente su mamá y su papá, hace que sus habilidades comunicativas se amplíen de manera muy sofisticada. Sonríen, dicen "ajó" y muchas otras vocalizaciones que les permiten establecer verdaderos diálogos con las personas cercanas. Los momentos en que el bebé está predispuesto a estos diálogos son cortos y requieren que esté descansado y tranquilo. El bebé parece hablar con toda su cara, reacciona con cambios en la expresión ante las sonrisas que observa. Es mucho más fácil establecer contacto directo con su mirada y lograr que nos siga con ella.

Tiempo para estar despierto, tiempo para dormir...

"Matías se duerme siempre tomando el pecho o cuando lo tenemos en brazos, y el hijo de nuestros amigos se duerme solo y no se despierta en toda la noche, ¿qué tenemos que hacer para que el momento de dormir no sea un problema?"

A esta edad los ciclos de sueño son muy variables y dependen del temperamento, la satisfacción con la alimentación y de la manera en que los padres responden al despertar del niño. La maduración neurológica es un determinante importante de la variabilidad del sueño y los estímulos externos pueden alterar fácilmente el patrón de sueño.

La manera en que se hace dormir a un bebé y cómo respondan los padres cuando se despierta durante la noche podrán ayudar a establecer patrones de sueño en el largo plazo.

Por ejemplo, acostarlo cuando todavía está despierto y en el mismo lugar donde se despertará al día siguiente lo ayudará a poder consolarse solo.

Si se despierta durante la noche, conviene darle la oportunidad de que vuelva a dormirse en su cuna o se calme solo, para evitar que se acostumbre a estos despertares buscando el "beneficio" de la manera de calmarlo (si se lo alza, pasea, acuna o se lo lleva a la cama de los padres). De esta forma todos podrán descansar en la casa.

De 2 a 4 meses. Consolidando la adaptación

Una música suave, una canción de cuna y saber que alguien está cerca para mecerlo y tranquilizarlo, ayudan a que el niño pueda dormirse inicialmente. Como a medida que los niños van creciendo pueden tener pausas nocturnas más prolongadas sin alimentarse, se los puede calmar de esta manera cada vez que se despierten durante el sueño.

Es aconsejable tener una rutina propia para el momento de acostar al bebé a la noche. Cada familia la establecerá de acuerdo a sus necesidades y modalidades.

Los movimientos del bebé

¿Cómo son los movimientos del bebé a esta edad?

Si bien continúa en una postura en flexión (como si estuviera hecho un ovillo), ahora puede lograr una mejor extensión.

Patalea alternadamente, sus brazos están en ángulo junto al cuerpo, a menudo con sus manos abiertas. La cabeza sigue de costado cuando está boca arriba, pero la puede girar de un lado al otro, y cuando se lo sienta cae ligeramente hacia delante. Cuando está boca abajo puede levantarla por un tiempo breve apoyando sus antebrazos.

Cuando está despierto, es conveniente ponerlo un rato boca abajo para acostumbrarlo a esta posición y que tonifique los músculos de la espalda y del cuello.

A los **tres meses** juega con las manos, puede sostener un sonajero e intenta llevarlo a la boca.

Cuando está alzado, sentado o parado, la cabeza no cae descontroladamente como antes, ya que logra el **sostén cefálico**. Al principio, la mantiene erguida por pocos segundos, ya que los músculos del cuello todavía no están muy desarrollados y la cabeza es muy pesada. Con el tiempo, el sostén de la cabeza es constante.

El entorno se vuelve interesante

"Matías toma solamente pecho, a veces se distrae e interrumpe la mamada. ¿Será que no tengo tanta leche?"

Como decíamos antes, el bebé está más interesado en otras cosas. Es normal que explore el mundo exterior, lo cual no significa que no quiera comer. No puede resistir mirar todo lo que ocurre a su alrededor mientras se está amamantando. Cuando esto sucede conviene repasar cómo son los momentos destinados a la alimentación y cómo está organizado el día del bebé y de la familia. Los cambios en las habilidades de los bebés requieren cambios en la relación con los padres, por lo tanto, se deberá modificar el momento de las mamadas, aceptando jugar con él mientras se alimenta. Si bien es bueno ser flexible en cuanto a los horarios de la alimentación y las rutinas diarias, mantener un sentido del orden ayudará a todos los miembros de la familia a un mejor funcionamiento.

Como en el caso de Matías, es posible que si la mamá no está muy atenta al bebé mientras lo alimenta (por ejemplo, si está conversando con otra persona), es probable que el bebé pueda sentir esa "falta de atención" y se lo haga saber distrayéndose.

La sobrestimulación puede generar alteraciones en la alimentación, el sueño y aumentar los períodos de llanto. El bebé se volverá a calmar al disminuir los estímulos que reciba.

El juego activo, como hacerlos volar o andar a caballito sobre las piernas, no son seguros a esta edad. Las sacudidas violentas pueden generar lesiones en los bebés en este período, por lo cual es mejor evitarlas.

Del nacimiento al primer mes de vida, a través del ejercicio repetido de sus reflejos y percepciones sensoriales, *adquiere información* **sobre el mundo, que utilizará para seguir aprendiendo. Del primer al cuarto mes, adaptan sus reflejos al entorno,** *repitiendo reacciones* **para que produzcan respuestas, que generalmente están centradas en su propio cuerpo, son adaptaciones adquiridas que demuestran un crecimiento de su inteligencia.**

¿Puede ver y escuchar?

Puede ver y seguir objetos a una distancia de 30 a 40 cm. Los ojos siguen al objeto que le llama la atención moviendo la cabeza hasta que desaparece del alcance de la vista. Fundamentalmente, los colores vivos, como el rojo, y el contraste con blanco y negro (luz y sombra), son lo primero que el bebé puede percibir. Esta capacidad aumenta considerablemente en el tercer mes.

Cuando escucha algún sonido detiene sus movimientos y dirige su atención hacia el lugar donde se origina. Sus producciones vocales se hacen más amplias, chilla y grita. Estas expresiones varían de acuerdo al estado de ánimo del niño.

Es bueno aprovechar estos logros para estimularlos, acompañándolos en el desarrollo y a seguir descubriendo.

Acariciarlos, besarlos, cantarles, hablarles es fundamental y muy placentero para todos.

Los juguetes para esta etapa

Los adecuados para esta etapa son:

- Los **móviles** con colores fuertes y contrastes, con o sin música, que deben estar fácilmente accesibles a la vista cuando ellos estén acostados en la cuna o el moisés.

- Los **sonajeros** de distintas texturas, que ellos pueden agarrar por el reflejo de la palma de la mano o los que se pueden colocar en la muñeca, para que asocie el movimiento con el sonido. Es importante que no sean pesados (porque los movimientos son incoordinados y se pueden golpear la cabeza) y que no tengan accesorios que se puedan desprender (porque se los llevarán a la boca succionándolos vigorosamente).

- Las **cajitas de música** que se pueden asociar al momento de dormir, para que ayude a armar la rutina del sueño.

Y sigue creciendo

Al cumplir el segundo mes el niño habrá aumentado entre 600 a 900 gramos y crecido unos 2 ó 3 centímetros más. El ritmo de crecimiento es alto y generalmente se mantiene así hasta el cuarto o quinto mes. Cabe aclarar que no necesariamente aumentan un kilogramo por mes, como mucha gente cree. Se considera que al cuarto mes duplican el peso de nacimiento y que han crecido unos 10 ó 12 centímetros. La mayor parte del peso ganado en los primeros meses de vida consiste en grasa que proporciona aislamiento para mantener el calor y almacenar nutrientes. Después de unos ocho meses la ganancia en peso corporal se concentra más en los huesos, en los músculos y en los órganos corporales. Al año de edad un bebé típico pesa unos 10 kilogramos y mide casi 75 centímetros.

La cabeza es la parte del cuerpo que más se desarrolla y crece en estos primeros meses, al punto que equivale a una cuarta parte de su estatura total. Esta proporción cambia hacia el año, en que representa una quinta parte de la talla del niño.

De 4 a 6 meses. El círculo del bebé se amplía

Comenzar a separarse

"Si bien estoy feliz con mi bebé porque ya nos entendemos, logramos un orden en los horarios y casi no tiene más cólicos; me siento intranquila cuando lo tengo que dejar al cuidado de otros, porque no sé si lo podrán hacer dormir o si se quedará con hambre..."

Durante esta etapa, a partir de los 4 meses, el bebé acepta a otras personas que no sean la mamá o la cuidadora con más facilidad que antes. Durante los primeros 3 meses, se relacionó con ella con un vínculo muy estrecho, que se denomina **díada mamá-bebé**, creyendo que ella formaba parte de su cuerpo. En este momento, para elaborar esta separación necesaria, comienza a jugar a no verla por unos instantes y disfruta al reencontrarla, de esta manera, aparece la primera actividad lúdica que es el "juego de las escondidas".

Al principio, es un juego muy sutil, con un parpadeo o dando vuelta la cara, sonriendo al volver a ver a la persona que perdió por unos instantes. Más adelante, a los 6 meses, el juego será muy evidente, porque se reirá a carcajadas al reencontrarse con la persona que dejó de ver, por ejemplo, mientras se le cambian los pañales. Si los padres perciben que el bebé inicia este juego, es bueno estimularlo repitiéndolo.

Para poder dejar al bebé al cuidado de otros, primero es importante que sea alguien de confianza, para que la mamá lo deje tranquila y segura y pueda transmitirle esto al bebé. Es bueno saber que a esta altura el bebé todavía no discrimina a los conocidos de los extraños, lo cual favorece el proceso de separación.

Más logros todos los días

¿Cuáles son los logros en la maduración del bebé en este período?

A los **4 meses**, cuando se lo acuesta boca arriba, logra mantener la cabeza en la línea media, mirando hacia el techo, lo cual lo llevará a descubrir que tiene dos manos (que antes veía por separado), se las tomará y las llevará juntas a la boca. Con respecto a la postura, si se lo tracciona de las manos intentará sentarse.

A los **5 meses** se descubrirá los pies, ya que al levantarlos aparecerán en su campo visual e intentará agarrarlos.

A los **6 meses**, debido a que pierden el tono muscular flexor de los primeros tres meses, se los podrá llevar a la boca. De esta manera irá desarrollando su esquema corporal a nivel cerebral, por lo cual es muy importante dejarlo que se chupe las manos y los pies.

El otro logro de esta etapa es sentarse solo. Finalmente lo consigue aproximadamente a los 6 meses, dependiendo de que previamente se estimule la posición del trípode, que tonifica y endereza el tronco.

Posición del trípode: sentar al bebé sobre el suelo con una alfombra o colchoneta, con las piernas abiertas, ambos brazos entre ellas con las manos apoyadas en el suelo, con almohadas a su alrededor para amortiguar las caídas que puedan ocurrir hacia atrás o a los costados. Al principio, la posición será inestable y durará unos pocos segundos. Después de repetirla varias veces, el bebé tendrá cada vez más confianza y se mantendrá apoyado en una sola mano para, finalmente, lograr sentarse solo.

En esta etapa, también empieza a querer tomar los objetos que lo rodean porque le llaman la atención. A los **4 meses**, cuando le interese algún objeto aleteará los brazos y moviéndolos desde el hombro logrará alcanzar a tocar y voltear objetos. A partir de los **5 meses** logra tomarlos con la mano, con un movimiento de barrido al apoyar el borde externo de la mano hasta alcanzarlos, y a los **6 meses** los pasan de una mano a la otra.

Los objetos que se le ofrezcan deben ser de tamaño mediano, para que los pueda agarrar, pero lo suficientemente grandes, para que no les entre en la boca. Deben ser livianos, de bordes romos, sin apliques, que puedan extraer al chuparlos, con diferentes texturas, formas, colores, con y sin ruido, para que puedan explorar conjuntamente con todos los sentidos.

El bebé querrá tomar cada objeto que vea y se lo llevará a la boca para terminar de explorarlo, asegurando así nuevos aprendizajes.

En el momento que está sentado a modo de trípode, es bueno ofrecerle objetos que le llamen la atención para que intente tomarlos, así se tendrá que sostener en una sola mano y afianzará la postura de sentarse.

Al lograr sentarse solo, el campo visual se amplía de 90° a 270° y aparece la tercera dimensión, que es la de profundidad. Esto lo llevará a seguir explorando el entorno, ahora con la intención de desplazarse. Antes, al estar acostado la mayor parte del tiempo reconocía solamente dos dimensiones (altura y ancho).

En esta etapa empiezan a reconocer algunas de las características específicas de las cosas que los rodean, especialmente, de la forma cómo los objetos responden a las acciones de ellos, por ejemplo: tirar una pelota, etc.

Cómo estimularlos en esta etapa

- Colocarlos en la posición de trípode sobre una superficie dura con almohadones a su alrededor.
- Estimular el juego de las escondidas.
- Ofrecerle objetos medianos que puedan tomar con las manos, pero que no entren por completo en la boca del bebé.
- Seguirá interesado en las cajas de música y los móviles.
- Al hablarle y cantarle, responderá para comunicarse con vocalizaciones (aaaaa), sílabas que repetirá da-da-da, ta-ta-ta, imprimiéndoles distintas intensidades según lo que quiera expresar, y descubrirá sus gritos que disfrutará repitiéndolos a lo largo del día.
- Juego del saltarín (cuando se intenta sentarlo, estirará las piernas y comenzará a saltar, siempre sujetado por una persona).

La vuelta al trabajo

"Mi bebé tiene 4 meses y medio y hace 1 semana empezó la adaptación en la guardería. Concurre de 8.30 a 14 hs, estoy preocupada porque no acepta bien la mamadera y cuando lo retiro, a veces está llorando de hambre, además empezó a tener mocos y tos...

No sé si será mejor dejarlo en casa con alguien que lo cuide o si tengo que dejar de trabajar hasta que sea un poco más grande."

Este es un momento que genera angustia e incertidumbre. A muchas mamás que trabajan se les termina la baja por maternidad entre el segundo o el tercer mes de vida del bebé, entonces es frecuente que los bebés deban iniciar la guardería o quedar al cuidado de otra persona en su casa.

Para que la adaptación de ambos al nuevo ritmo sea fácil y exitosa es importante que los padres estén convencidos de la necesidad de que la mamá retorne al trabajo y de la opción que hayan elegido para el cuidado del bebé durante las horas de ausencia materna.

Al elegir la guardería tener en cuenta

- Que quede cerca o en el camino del trabajo, para facilitar la lactancia y llegar rápido a buscarlo en caso de necesidad.
- Que las salas sean amplias, luminosas y bien ventiladas.

- Que las maestras estén capacitadas con título de maestra especializada en educación infantil o maternal y brinden atención personalizada e ininterrumpida.
- Que los bebés estén en una sala separada de los que ya caminan.
- Que no haya más de 8 bebés en la sala, con una maestra y una ayudante de sala.
- Que se realice una incorporación progresiva (adaptación).

Si la mamá trabaja en su casa o puede llevar el bebé a su trabajo, conviene tener en cuenta que no siempre esto facilita las cosas.

Es difícil poder hacer las dos cosas bien al mismo tiempo, por lo que la ayuda de otra persona o la guardería pueden ser necesarios.

Planeando la alimentación del bebé al volver a trabajar...

Esta es la situación más problemática y angustiante para todos, mamá, bebé y cuidadores. Si el bebé recibía pecho exclusivo, es posible continuar con la lactancia materna exclusiva, tanto yendo a darle de mamar a la guardería, como almacenando leche materna. Este almacenamiento puede iniciarse mucho antes de volver a trabajar y continuar durante este período.

Para lograrlo se debe extraer leche con alguna de las siguientes técnicas:

- Manualmente, a través de masajes ablandando el pecho con paños calientes o la ducha de agua caliente.
- Con sacaleche, que puede ser manual o eléctrico.

Las extracciones se pueden hacer al finalizar cada mamada o en el trabajo, en los momentos en los que el bebé se debería estar alimentando y los pechos están cargados.

¿Cómo almacenar la leche materna?

La leche que se logre ir extrayendo se debe guardar en un envase limpio, hervido, tapado, en la heladera. Cuando se alcanzan volúmenes de 50 o 100 ml, se aconseja congelar para no desperdiciar nada, ya que el bebé tomará volúmenes distintos, dependiendo del peso; y lo que deje se deberá descartar.

Se colocará un rótulo con la fecha y el volumen de cada envase.

Según el volumen que se obtenga se puede guardar por 24 hs. a temperatura ambiente (si es menor de 26°C), 3 días en la heladera, 3 meses en el congelador común y de 6 a 8 meses en el congelador a -20°C.

El volumen a ofrecer en cada mamadera dependerá del peso del bebé y será indicado por el pediatra.

Recomendaciones sobre la alimentación

Para descongelar la leche materna, se debe colocar bajo el chorro de agua caliente de la canilla o en una cacerola con agua caliente, sin que esté en el fuego.

Las proteínas de la leche materna son muy termolábiles, esto quiere decir que se coagulan con el calor excesivo y esto dificulta la absorción en el intestino del bebé. Una vez entibiada se le podrá ofrecer al bebé en mamadera, y si no la acepta, se le puede dar en vasito o cucharita. La leche que sobre se debe desechar.

Cuando se empieza a usar la mamadera es recomendable que se la ofrezca otra persona que no sea la mamá, ya que al oler el pecho podría no aceptarla, y aprovechar un momento en el que el bebé tenga hambre, para facilitar que la acepte. Es conveniente probar esta manera de alimentarlo unos días antes de que la mamá comience a trabajar. Una vez que la lactancia está bien consolidada (a partir de los 2 a 3 meses), no habrá riesgo de perderla, aunque tome 1 a 2 mamaderas por día.

Puede ocurrir que los primeros días en la guardería el bebé tome poca leche y espere que llegue la mamá para amamantarlo. También es frecuente que el reencuentro no sea siempre alegre, el bebé se puede mostrar distante al principio. Todo esto se va acomodando con el correr de los días, por lo cual no hay que desesperar.

La vuelta al trabajo y las carreras para buscar al bebé a la guardería generan estrés en la madre, con la posibilidad de que disminuya la producción de leche. Por eso, es importante que al llegar a la casa y los fines de semana se le ofrezca el pecho más seguido al bebé, para estimular la producción de leche, que la mamá se alimente con una dieta balanceada y que trate de descansar entre 7 a 8 hs. por día.

Si el bebé estaba tomando pecho más mamadera o mamadera solamente, no habrá tantas dificultades para su alimentación cuando la mamá comience su actividad laboral.

Riesgos de la guardería

Cuando los bebés empiezan a ir a la guardería es común, especialmente durante el primer año de concurrencia, que tengan un mayor número de enfermedades infecciosas (catarros, otitis, conjuntivitis, gastroenteritis). Esto es lógico que suceda, ya que se irán enfrentando con los gérmenes más comunes, y de esta forma empezarán a formar anticuerpos (inmunidad) para defenderse de los mismos. Es importante saber esto de antemano para no preocuparse al notar la mayor frecuencia de enfermedades que pueden aparecer en este período.

Dulces sueños...

Con respecto al sueño, en esta etapa el bebé deberá seguir durmiendo boca arriba, en la habitación de los padres. Se recomienda cambiarlo de habitación a partir de los 6 meses.

Con respecto a los despertares nocturnos, se espera que ya haya logrado dormir 5 a 6 hs. seguidas al principio de la noche, y que luego de alimentarse siga con el ritmo cada 3 o 4 hs. Algunos bebés pueden seguir despertándose cada 3 a 4 hs. y otros cada 8 o más horas seguidas.

Las siestas son muy variables según cada bebé, pero es esperable que hagan entre 1 a 3 siestas durante el día.

Como se mencionó antes, en el momento de acostarlo, es importante seguir una rutina, con momentos agradables para que el bebé los relacione con el acto de dormir (una caja de música, luz de intensidad suave, que los sonidos de la casa disminuyan, tratar de tener horarios en la rutina, etc).

Lo más adecuado es acostarlo despierto y que se duerma en su cuna. Si llora o se despierta, los padres deben acercarse, comprobar que no le pase nada y tratar de tranquilizarlo, sin levantarlo de la cuna.

Los accidentes no son accidentales

"Lo dejé durmiendo la siesta en la cama matrimonial con almohadas a ambos lados y me sobresalté con el ruido de un golpe, seguido de un llanto inmediatamente después, no sé con qué parte del cuerpo se golpeó..."

A partir del cuarto o quinto mes, los bebés empiezan a movilizarse rápidamente, "rolando", o sea, dando vueltas sobre su cuerpo. Esto puede causar el **primer accidente** que experimente el bebé: una caída.

Se puede **prevenir** si se conoce que en esta etapa esta nueva habilidad le permitirá dar vueltas sobre sí mismo y pasar por arriba de las almohadas que suelen colocarse como barreras cuando se los deja en una cama.

Ante cualquier situación que pueda interrumpir la atención de los padres sobre el bebé (timbre, llamada telefónica, buscar algún elemento necesario para higienizarlo) es conveniente alzarlo, colocarlo en un lugar con barandillas, sujetarlo en el carrito o en la trona, o ponerlo en el suelo para evitar que se caiga.

(Ver más adelante anexo sobre prevención de accidentes.)

De 6 a 9 meses.
El bebé explorador

La comida, un nuevo capítulo

"¿Cuándo va a empezar a comer algo?, porque cuando nos ve comer a nosotros se babea y sigue con la mirada el trayecto de la comida desde el plato a la boca, como pidiendo..."

A partir de los 6 meses, los bebés se sientan, les gusta llevarse todo a la boca, tragan bien y ya han logrado una maduración del sistema nervioso, de los riñones y del aparato digestivo, que les permite la incorporación de nuevos alimentos. Además, la leche sola no alcanza para cubrir todos los requerimientos nutricionales necesarios para seguir creciendo adecuadamente.

La incorporación de las papillas es un momento muy importante y de gran ansiedad, pero se debe tener paciencia, ya que requiere de un nuevo aprendizaje: el uso de la cuchara.

Al principio, el bebé puede escupir todo lo que se le ofrezca, se va a ensuciar, tanto él como su alrededor, por lo cual es bueno dedicarle tiempo y paciencia, sin apurarlo, ni retarlo. Los mecanismos de deglución ya han logrado a esta altura una buena coordinación. Pero, muchas veces, el bebé "devuelve" la comida con su lengua en lugar de trasladarla hacia atrás porque no puede tragarla fácilmente. Por esto, es muy importante tomarse tiempo en la administración de nuevos gustos y consistencias. Ante la falta de aceptación no hay que pensar "tal cosa no le gusta", simplemente habrá que dejar pasar unos días, volver a ofrecérsela y observar qué pasa.

Lo habitual es que a esta edad se lleven todo a la boca, es la manera en que conocen las cosas que los rodean y les interesan. Es bueno aprovechar este interés y dejar que toque la comida y se la lleve a la boca. Si bien, esto favorece el aprendizaje del niño, va en contra de la "prolijidad" del hogar. Conviene ofrecerle la cuchara colocando la comida en la punta de la lengua para facilitarle la tarea.

Este es un período de adaptación a la incorporación de texturas, olores, colores, temperaturas y gustos diferentes a la leche. Es importante que la papilla no sea "sosa", pero es aconsejable no agregar sal en el plato, para que no se acostumbre a comer salado. Se puede salar un poco al cocinar las papillas, agregando manteca, aceite o queso rallado. Por otra parte, los niños/as hasta los 2 años tienen preferencia por las comidas dulces y a base de lácteos. También es importante ofrecer diferentes opciones de alimentos para que no se aburra.

Para empezar, se le ofrecerá la papilla **una vez al día**, no importa si es el almuerzo o la cena, siempre que el bebé tenga apetito, pero sin estar desesperado de hambre ni cansado o llorando. A esta altura los bebés tienen ritmos de alimentación y de descanso bastante establecidos que conviene tener en cuenta.

El otro factor decisivo para elegir cuál es el mejor momento del día para darle las primeras papillas es la disponibilidad de tiempo que tenga la mamá. Si bien, los horarios no deben ser estrictos, una gran variabilidad puede constituir una dificultad.

El resto del día se le seguirá dando leche de acuerdo con su propio ritmo. La leche sigue cubriendo la mayoría de los requerimientos nutritivos de los niños de esta edad. Esto es importante porque a veces uno supone que los alimentos semisólidos tienen mayor valor nutritivo, por ejemplo que "un plato de puré aporta mucho más que la leche", lo cual es un error porque el puré contiene básicamente hidratos de carbono.

Para comer, el bebé debe estar sentado y sujeto a la trona, se tiene que sentir cómodo y seguro.

Cada 2 ó 3 días se le irá ofreciendo un alimento nuevo por vez, en el caso que lo rechace, se deberá volver a ofrecer más adelante. En general, se empieza con puré de zapallo, papa, batata y zanahoria, polenta, hígado bien cocido y picado, manzana rallada, banana pisada, yogur o postre de vainilla. La cantidad recomendada es la de un plato de postre.

Si el bebé rechaza un alimento, no es aconsejable sustituirlo en forma inmediata por otro, es preferible que se "quede con hambre", a que determine "qué come y qué no come". La mamá no debe pensar que si no come la rechaza a ella.

Alimentar es una de las formas de educar a los niños. Estas primeras experiencias son fundamentales. La niña o el niño que nos sorprenden diariamente con sus adquisiciones, con sus "gracias", acepta con naturalidad los nuevos alimentos cuando son incorporados en forma espontánea, tranquila, confiada y sincera. En cambio, la aceptación será difícil cuando se ofrecen con preocupación, inquietud, miedo o en forma autoritaria. Con la misma rapidez con que aprende una gracia aprenderá a rechazar la comida.

La presencia de muchas personas en el momento de la comida u otros distractores como cantos, juegos, juguetes y televisión pueden potenciar las dificultades en torno a la alimentación.

En esta etapa no importa cuánto coma, no es aconsejable presionar al bebé para que coma todo lo que está en el plato.

Si hay **antecedentes de enfermedad celíaca** en hermanos, padres, tíos o abuelos se evitarán los alimentos con gluten (trigo, avena, cebada y centeno) hasta el año de vida, pero podrá ingerir los derivados de maíz y arroz. Si no presenta antecedentes familiares de celiaquía podrán incorporar todos los cereales desde el inicio.

Progresivamente, a los **7 meses** seguirá comiendo una vez por día y se irán agregando vegetales de hoja hervidos con salsa blanca, canelones de verdura y ricota, el resto de las pastas sin salsa de tomate frito (sí con salsa blanca, crema, queso crema, aceite, manteca y queso rallado), sémola y frutas de estación lavadas, peladas y pisadas o en pedacitos. La cantidad de carne de vaca o pollo que se le ofrezca deberá ser del tamaño de la palma de la mano del bebé, bien cocidas y picadas. No hace falta que estén procesadas, ya que aunque no tengan dientes pueden masticar bien con las mandíbulas.

A partir de los **8 meses** se le ofrecerá almuerzo y cena, se podrán incorporar dos huevos por semana, duros y picados o cocidos con la comida. Es bueno que el bebé participe de la mesa familiar y tratar de que coma lo mismo que el resto de la familia.

Los alimentos están compuestos por proteínas que intervienen en el crecimiento de los tejidos y son sustancias ricas en energía y con algunos aminoácidos esenciales que el cuerpo no puede generar. También por hidratos de carbono, principal fuente de energía, y por grasas, sustancias ricas en energía que contienen algunos ácidos grasos esenciales que el cuerpo no puede sintetizar. Además, los nutrientes contienen vitaminas y minerales que el cuerpo necesita para poder funcionar correctamente.

¿Qué contiene cada alimento?

Las carnes rojas y blancas, el huevo, la leche y sus derivados contienen **proteínas** de muy buena calidad.

Los cereales, legumbres, pastas, leche, verduras y frutas contienen **hidratos de carbono**.

La leche y sus derivados, las carnes rojas, los aceites y la palta contienen **grasas**.

En cada alimento se encuentran distintas proporciones de **minerales** (calcio, hierro, zinc) y **vitaminas** (vit. A, B, C), que son indispensables para el crecimiento y el funcionamiento adecuados.

No es recomendable darles hasta el año de vida salsas, condimentos, picantes o embutidos.

Para evitar que el bebé se ahogue o se atragante, se aconseja no darle ensaladas crudas y alimentos de tamaño pequeño y duros, como por ejemplo: maní, nueces, almendras o pochoclo. Tampoco se le ofrecerán frutas disecadas sin hidratar previamente (porque pueden aumentar de volumen en el intestino y producir obstrucción) frituras, miel (por riesgo de botulismo), frutillas, kiwi ni chocolate por ser alergénicos (tienen la posibilidad de producir reacciones alérgicas si se dan a edades tempranas).

Los dientes

A la dentición se le atribuye gran cantidad de síntomas asociados: fiebre, dolor, diarrea, estreñimiento, cambios en la saliva, inapetencia, irritación de la piel del culito y algunas otras cosas más. Nada ha sido demostrado fehacientemente pero, ciertamente, la aparición de los dientes es un hecho que genera ansiedad en casi todas las familias.

La erupción del primer diente (más frecuentemente el incisivo inferior) ocurre alrededor del sexto mes. Esto puede pasar un tiempo antes o, a veces, postergarse unos cuantos meses más. La dentición primaria (los dientes de "leche"), que no es permanente, se completa alrededor de los 2 años de vida.

Cuando sale un diente, la encía puede estar un poco inflamada y, a veces, se puede observar un hematoma que desaparece espontáneamente. Si el niño parece molesto o dolorido, es aconsejable darle un analgésico común, como paracetamol o ibuprofeno para aliviar las molestias. También pueden ser útiles los mordillos que se enfrían en la heladera. No es conveniente utilizar anestésicos locales, que se absorben y pueden producir efectos adversos importantes.

Desde el momento en que aparece el primer diente conviene empezar a limpiarlo una vez al día. Esta limpieza se puede hacer con una gasa al final del día. Un cepillo pequeño y blando puede ser utilizado en la medida que el niño lo tolere. Inicialmente no hace falta utilizar pasta dental.

La prevención de las caries se hace mediante la limpieza dental, para impedir la proliferación de bacterias sobre el diente, y evitando que el niño ingiera permanentemente líquidos azucarados (zumos, gaseosas), sobre todo con la mamadera, que favorecen el crecimiento de dichas bacterias.

Seguimos con el sueño

"Como mi bebé se despierta una vez a la noche para mamar, no lo quiero pasar a la habitación con el hermano, para que no lo despierte..."

En general, en esta etapa el bebé va logrando una pausa nocturna de 6 a 7 hs. seguidas de sueño y no siempre se despierta porque tiene hambre, por lo tanto, es un buen momento para sacarlo del cuarto de los padres y no responder rápidamente al llanto ofreciéndole un alimento o levantándolo de la cuna para calmarlo.

Muchas veces se calma solo o con la compañía de alguno de los papás sin levantarlo de la cuna. Como ya se dijo anteriormente, ayuda mucho que se duerma en su cuna, para que no se angustie si se despierta durante la noche y desconoce el lugar donde se encuentra.

Alrededor de los 8 meses puede aparecer un cambio en el ritmo de sueño, en este caso relacionado con la angustia del octavo mes, que no debe generar cambios en la manera de tranquilizarlo, para que no aprenda a conseguir "beneficios secundarios", por ejemplo: pasar a la cama de los papás, exigir la teta o el biberón, jugar con alguno de los papás a solas en ese horario de la noche cada vez que se despierte.

¿Qué es la angustia del octavo mes?

Es un paso ineludible en el camino del desarrollo madurativo psicológico normal que se caracteriza por llanto exagerado acompañado de angustia cuando la mamá o el papá desaparecen de su campo visual o ante la presencia de un extraño.

Es la continuación de la elaboración de la separación entre la mamá y el bebé, que se había iniciado con el juego de las escondidas. Generalmente, dura aproximadamente 1 mes y aparece alrededor de los 8 meses, de ahí su nombre. Es bueno saberlo de antemano para entender los cambios en el comportamiento del bebé, poder contenerlo y tranquilizarlo tratando de no alterar la rutina, ya que si se producen modificaciones, luego puede ser difícil rectificar algunas conductas aprendidas durante este período.

El bebé tendrá que aprender que aunque no vea a la mamá, ella sigue estando cerca, para lo cual es bueno, por ejemplo, si se está con él en la casa, seguir hablándole desde otro cuarto para tranquilizarlo.

Es muy importante comprender que esta "angustia" es parte de un período normal del desarrollo del bebé. Es por eso que durante este período será mejor evitar, en la medida de lo posible, cambios que le generen más angustia, como por ejemplo, pasarlo a otra habitación, empezar en la guardería o que la mamá empiece a trabajar en este momento.

La angustia que le genera al bebé ver a un extraño da idea del buen apego que tiene con sus padres. Este proceso se construye a partir de la seguridad que los cuidadores le transmiten al bebé al responder adecuadamente a sus necesidades y estados emocionales. Cuando un bebé quiere estar cerca físicamente de sus padres muestra angustia al separarse y felicidad al reencontrarse con ellos, busca la aceptación o la "autorización" de ellos para realizar alguna exploración (tocar algo o ir a los brazos de un extraño), lo cual quiere decir que tiene un buen apego o vínculo con sus padres.

Los padres son la base segura de la cual los niños se empiezan a separar progresivamente, volviendo siempre a ella cuando lo necesitan. Este proceso de separación es largo y tiene avances y retrocesos.

Durante el primer año de vida los bebés desarrollan **apego** con alguno de los cuidadores, siendo este proceso fundacional para el desarrollo de su salud mental.

Si los papás deben ausentarse, es bueno que estén tranquilos y seguros de quién cuidará al niño, se despidan de él, no con procesos largos, sin mentir con respecto a los horarios de regreso, ni tampoco es conveniente prometer siempre regalos al volver.

El juego ayuda a superar la angustia

A los 9 meses aparece otro juego para elaborar esta separación. Consiste en tirar un objeto desde cierta altura (generalmente desde la trona), perderlo de vista por unos instantes y pedirle a la persona que se encuentre más cerca que se lo alcance y, así, recuperarlo. Además, este juego les da noción de tiempo y espacio, ya que desde que arrojan el objeto hasta que lo recuperan pasa un tiempo, además de cambiar el lugar donde se encuentra. Es importante estimular este juego, pero con objetos que no se rompan para que lo recuperen intacto.

A partir del año puede aparecer algún objeto "transicional", los más clásicos son la "mantita", un peluche, una almohada o incluso el mismo chupete que tranquilizará al bebé cuando sus padres no estén (colaborando con el proceso de separación psicológica de sus padres), o cuando esté cansado, enfadado o angustiado.

Resuelta esta angustia podrá confiar en otros adultos, ampliará sus aprendizajes y podrá quedarse solo en forma tranquila para poder disfrutar de nuevas experiencias.

Peligro: bebé suelto

"Me da miedo dejar a Santiaguito en el suelo, porque siempre hay pelos del perro y por la posibilidad de que haya quedado suelto algún juguete chiquito del hermano."

Para que el bebé haya logrado sentarse a los 6 meses debió haber practicado la posición de trípode en alguna superficie firme como el suelo. Luego, desde esta nueva perspectiva, va a intentar explorar el medio que lo rodea, primero arrastrándose y/o gateando, hasta llegar a algún mueble donde pueda apoyarse para poder pararse. El gateo no es una pauta madurativa obligatoria, muchos bebés se desplazan sentados o arrastrándose (al principio hacia atrás, por más que quieran ir hacia delante) y luego empiezan a caminar.

Una vez que se para con apoyo, comenzará a dar pasos alrededor de muebles y más tarde los empujará para avanzar caminando con apoyo.

Si el bebé no está un rato en el suelo todos los días, tardará más tiempo en lograr estas habilidades. Es por eso que para evitar el temor de la mamá, será cauteloso barrer o pasar un trapo antes de dejarlo sentarse en el suelo.

No importa la forma de desplazarse que cada bebé encuentre, lo fundamental es que logre explorar el medio que lo rodea para su mejor desarrollo.

En esta etapa, en la que logra desplazarse solo hay que tener especial cuidado en evitar accidentes. El bebé tiene un particular interés en poner y sacar, abrir y cerrar, y siente una irresistible atracción hacia los enchufes, llaves, teléfonos, controles remotos y cajones. *(Ver anexo sobre accidentes.)*

Hay que preparar la casa para asegurar el ambiente donde se desenvuelve el bebé.

¿Cómo?

Una forma para detectar posibles riesgos y peligros para el bebé es recorrerla en cuatro patas y evaluar tentaciones y posibles peligros para él. Una vez detectados los peligros, se dispondrá de algunas soluciones como: tapas para enchufes, interruptor de electricidad, trabas para las puertas de alacenas y bajo mesadas, protección de ventanas, balcones y escaleras, barandillas seguras, dejar el baño siempre cerrado, no dejar que estén en la cocina cuando está el fuego encendido, sacar de su alcance artículos de limpieza, medicamentos y tóxicos, y evitar que alcancen objetos pequeños.

Es importante prohibir taxativa y enérgicamente que toquen cosas peligrosas (por ejemplo, enchufes o estufas) sin confiarse de que en casa haya mecanismos protectores (como disyuntores), ya que estas medidas de seguridad pueden no estar en otros lugares que el bebé frecuente.

Es bueno asegurar zonas de la casa en donde el niño no corra riesgos y pueda explorar tranquilo.

Todos los días hace algo nuevo...

La maduración del bebé avanza. Veamos cómo progresa la forma en que toma objetos con la mano.

A los 6 meses logra tomarlos y se los pasa de una mano a la otra, a los 9 meses ya hace una "pinza", oponiendo el dedo índice con el pulgar, con la que logra agarrar miguitas u objetos pequeños. Con estas habilidades empieza a adquirir **motricidad fina**.

También le encanta explorar su propio cuerpo, es común que mientras se lo cambie descubra sus genitales, con los que jugará sin lastimarse.

Al tenerlo en brazos, suele explorar la cara de quien lo sostiene, metiéndole el dedo en la boca, en los ojos, en la nariz o en las orejas.

Toda la familia está muy pendiente del bebé, que en esta etapa es muy gracioso y simpático, y se hace entender por todos.

No sólo se comunica con el lenguaje, repitiendo sílabas como: da-da-da, ta-ta-ta, ma-ma-ma, pa-pa-pa; sino también variando la entonación, de acuerdo con lo que quiera expresar, y sobre todo con sus gestos. Imita caras y movimientos de las manos, aprende su significado y cuándo utilizarlos. Cuando se lo llama por su nombre responde dándose vuelta.

Busca objetos escondidos y puede anticipar lo que va a ocurrir en su rutina.

Juegos y juguetes a esta edad, es aconsejable:

- dejarlos en el suelo con objetos que pueda agarrar y que no sean peligrosos al llevarlos a la boca;
- ofrecer objetos que no se rompan para que tiren desde la altura y volver a dárselos;
- seguir jugando a las escondidas;
- cantarles y hacer que imiten caras y movimientos de manos;
- seguir ofreciéndoles sonajeros y pelotas que comienzan a llamarle la atención; y
- ofrecer juguetes con distintas formas geométricas, hacer y derrumbar pilas de cubos, colocar y sacar llaves u otros juguetes de un recipiente.

De 9 a 12 meses. Bebé en movimiento

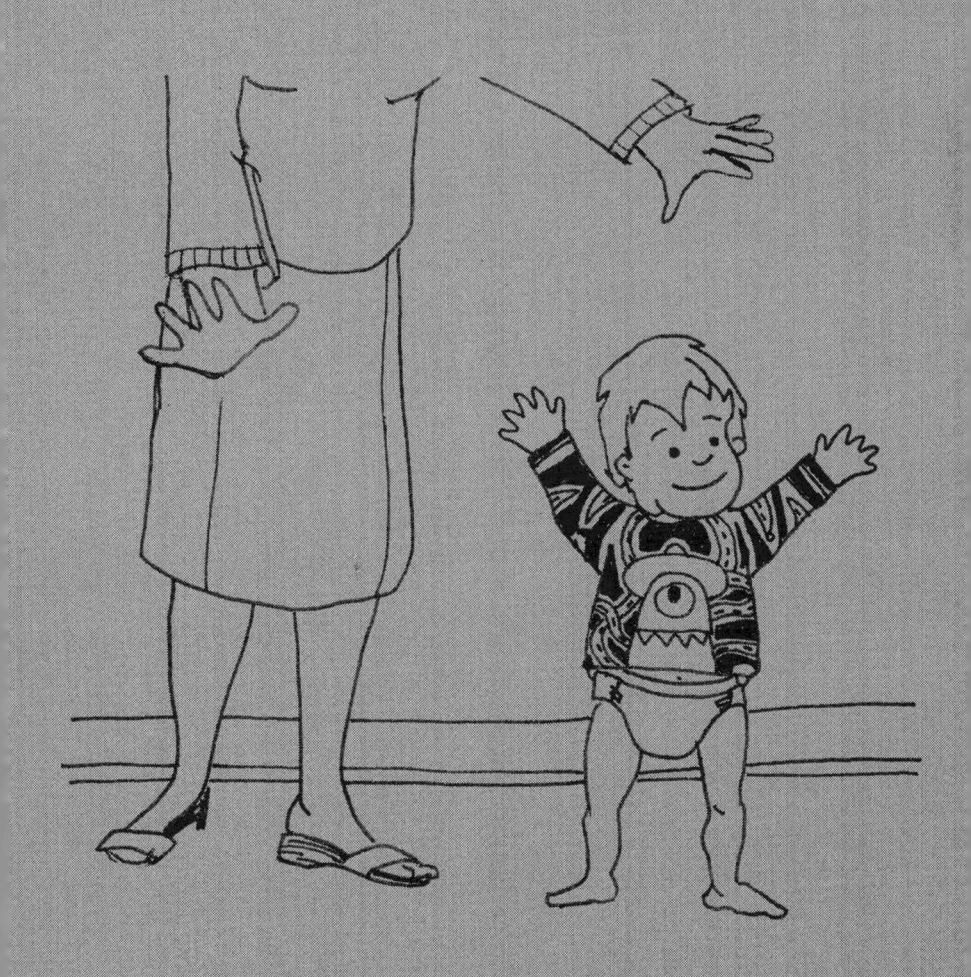

El bebé se pone en marcha

"A Malena le encanta estar en el suelo aunque es imposible que se quede sobre la manta que le ponemos porque gatea y quiere ir más lejos. Está empezando a pararse en la cuna y a veces lo hace en el sillón de casa."

En esta etapa el bebé va mejorando sus capacidades para desplazarse hasta lograr caminar por sí solo. Este proceso requiere de la presencia de los padres, de la base segura que ellos representan. Cada vez que se aleje volverá la cabeza para saber si la mamá o el papá están ahí cuidándolo, sosteniéndolo y permitiendo que se aleje para que vaya descubriendo el mundo que lo rodea.

Las maneras en que el niño se desplaza inicialmente son muy variadas: algunos lo hacen reptando o arrastrándose hacia delante o atrás, otros se sientan y con una pierna flexionada hacia atrás avanzan por la casa y otros gatean en el modo tradicional. El gateo, como ya se mencionó, no es un hito obligado en la maduración del niño, de manera que si no se produce no es preocupante. Lo importante es que busque algún modo de movilizarse. Esto habla del grado de maduración neurológica del niño, del interés y de la curiosidad por investigar el ámbito donde vive, y de padres que permiten y estimulan esta investigación dándole seguridad.

A lo largo de estos meses los músculos han ido cambiando su tonicidad y su fuerza, los nervios han mejorado su capacidad para conducir las órdenes desde el cerebro hasta los brazos y las piernas, aumentó el campo visual y la noción de distancia mejoró. Todo está preparado para la "acción".

Cuando los bebés de esta edad juegan sentados empiezan a tratar de alcanzar objetos que están más lejos... y más altos. En la cuna o el corralito tratan de arrodillarse para luego dejarse caer, hasta que en un momento dado logran pararse con apoyo, un logro que pone contenta a toda la familia.

Luego harán lo mismo en el suelo, tomándose de lo que encuentren a mano y empezando a dar pasos de costado alrededor de una mesa baja o yendo de una punta a la otra de un sillón o una cama.

Frecuentemente, usan algún banco de andador para desplazarse caminando y posteriormente se largarán a caminar solos. Los andadores con ruedas pueden ir más rápido que ellos, por lo cual es importante estar al lado del niño para poder ir frenándolo, no obstante, **no se recomienda el uso de andadores en los que los niños van sentados porque pueden causar accidentes.**

La mayor parte de las veces los padres apoyan y estimulan estas primeras experiencias pero hay veces que tienen miedo a que el bebé esté en el suelo porque "está sucio", porque puede golpearse o llevarse a la boca algo que encuentre. Si bien existen ciertos riesgos, se puede decir que son inherentes al crecimiento. Estas cosas van a pasar todo el tiempo en cada etapa del crecimiento del niño. Es bueno saber que puede haber algún tropiezo y los adultos tenemos que prever, estar ahí, cuidando, sosteniendo y poniendo límites.

Cuando el bebé comienza a caminar aumenta su perspectiva visual, y al tener las manos libres pueden explorar y descubrir nuevos objetos. Todas estas nuevas habilidades motoras le dan independencia y favorecen el desarrollo de la personalidad.

> **La mirada del padre o de la madre dice más que "mil palabras": una mamá que se asusta cuando su hijo se para por primera vez puede hacer que el bebé no vuelva a hacer la prueba de pararse por un tiempo. Por el contrario, una mirada que "sostiene" a la distancia va a llevar al bebé a seguir probando cada vez más y mejor.**

La maduración neurológica, las opciones de nuevos movimientos adquiridos, el soporte y las motivaciones del medio ambiente, contribuyen en igual medida al desarrollo de la marcha.

¿A qué edad es normal que un bebé empiece a caminar?

Un gran porcentaje de los niños no camina solo el día de su primer cumpleaños. La edad promedio es a los 14 meses, con un rango que va de los 9 a los 17 meses.

Es importante saber que el desarrollo motor acelerado no implica capacidades mentales superiores, así como el desarrollo motor tardío no indica deficiencia a nivel mental, salvo en los casos muy extremos.

"Doctor, estamos preocupados porque Lucía camina con un pie hacia fuera y además nos parece que tiene pie plano."

Cuando un niño comienza a caminar tiene los pies separados, las rodillas y las caderas están flexionadas, los tobillos se mueven poco y los pies son planos y están abiertos hacia fuera para aumentar la base de sustentación. En esta etapa, la marcha inicia su proceso de maduración, que se completa a los 5 años de edad cuando se hace similar a la del adulto.

Este proceso de aprendizaje implica un gasto de energía muy importante, no sólo por todo lo que practican, sino porque el proceso de la marcha es "ineficiente" en estos primeros tiempos. Por eso, es común que los niños adelgacen o aumenten menos de peso cuando empiezan a caminar.

El destete

"Desde que Lucía empezó a caminar se despierta varias veces durante la noche. No tiene muchas ganas de comer y cambiarle los pañales es una lucha... También estoy tratando de no darle más el pecho, pero ella lo sigue pidiendo, ¿está bien que lo siga haciendo?"

Vemos a menudo que al pasar de una etapa a otra del desarrollo, los niños pueden mostrar ciertos "desajustes" sobre todo en el sueño y en la alimentación. Algunos están muy excitados, otros se enojan o están un poco tristes.

En la situación de Lucía, ella está frente a dos eventos muy importantes: empezar a caminar y despedirse del pecho materno.

A esta edad pasa lo mismo que pasará en otros momentos de la vida: dejar atrás una etapa traerá progreso y nuevos desafíos, pero también cierto dolor por lo que se pierde.

Las reacciones frente al destete pueden ser muy variadas. Algunos niños parecen muy decididos, mientras que otros necesitan mucho tiempo para lograrlo. Generalmente, es la madre la que asume la iniciativa y en la mayor parte de los casos se llega al final del proceso a través de un acuerdo mutuo entre la mamá y el bebé.

A veces es un proceso gradual donde se van perdiendo mamadas durante el día, hasta que con la decisión materna tomada se pueden dejar las mamadas de la mañana y la de la noche; otras veces el destete es abrupto de un día para el otro. No hay recetas para esto, pero es fundamental tener la decisión clara de hacerlo para que ocurra.

No siempre las cosas son tan fáciles, en esos casos hay que armarse de paciencia y hacerle entender al bebé que no siempre es posible hacer lo que él desea. Al final del destete, tanto la mamá como el bebé suelen sentirse aliviados. En este proceso, que a veces se extiende hasta los 2 años, el papel del padre que apoya y estimula la decisión de dejar el pecho es muy importante.

Algunos consejos para esta edad

- Provea oportunidades para la libre exploración del medio dentro de límites seguros.
- Evite hacer practicar a su hijo, no hay que "entrenarlo". Es preferible mostrarse entusiasmado ante sus logros, su capacidad de exploración y recompensarlo con muestras de alegría y cariño.
- Los niños que empiezan a caminar gastan mucha energía, por lo tanto, sus requerimientos nutritivos son altos. Es más fácil alimentarlos más veces por día (por ejemplo, seis veces), sin pretender que se mantengan sentados por períodos prolongados, quédese tranquilo porque finalmente aprenderá a permanecer sentado a la mesa.
- El calzado que el niño use para sus primeros pasos debe ser blando, flexible, para que permita el desarrollo del arco con el movimiento del pie, y con suela antideslizante para evitar caídas por resbalarse. Es recomendable que al principio el pie apoye desnudo. El calzado tiene la función de proteger el pie de posibles lesiones. No es necesario gastar en zapatos o zapatillas sofisticadas o con suelas muy gruesas que disminuyen la sensibilidad y el movimiento del pie. Se deberá tener presente que esta etapa se

caracteriza por crecimiento rápido y continuo, por lo cual los calzados se deberán cambiar regularmente. Los buenos zapatos para el niño que empieza a caminar tienen funciones muy parecidas a las que cumplen los padres en esta etapa del desarrollo motor: proveen protección frente a los accidentes, permiten al niño moverse libremente, evitan la rigidez y comparten diariamente nuevas aventuras y nuevos descubrimientos.

De los 8 a los 12 meses los niños pueden anticipar mejor los acontecimientos que satisfarán sus necesidades y deseos, y pueden dedicarse a iniciarlos, apareciendo conductas orientadas a un objetivo, es decir, acciones intencionadas.

Para estimularlo ponga a su hijo en el suelo, ofrézcale jugar con pelotas y rodados, como autos, camiones, tanto a los niños como a las niñas, para que los acompañen en el desplazamiento.

Puede colocar juguetes o permitir actividades seguras en distintos ambientes de la casa para favorecer la exploración y el juego. Los juguetes de arrastre son muy apropiados para el momento en que comienzan a caminar.

¡Cuánto creció!

El niño de un año ha crecido como nunca más lo volverá a hacer en el resto de su vida. Sólo pensar que pesa aproximadamente el triple de lo que pesaba al nacer y que mide un 50% más que en ese momento resulta sorprendente. Su cabeza ha crecido en forma considerable aunque representa una quinta parte de la estatura total del niño. Estos son conceptos generales, ya que puede haber diferencias de acuerdo a la talla de los padres y a la presencia de algún problema de salud, tanto durante el embarazo como en el primer año de vida del bebé.

Hacia el final del primer año el ritmo de crecimiento va disminuyendo. En buena medida esto tiene que ver con la mayor actividad del niño, por lo que parte de la energía que antes utilizaba para crecer se desvíe hacia el movimiento y la exploración. Al llegar a los dos años el niño habrá aumentado 2 ó 3 kg y crecido unos 10 cm con respecto a lo que medía y pesaba en su primer cumpleaños.

El habla

En esta etapa el niño nos sorprende con su capacidad de comprensión de palabras sencillas, entonaciones simples, vocalizaciones específicas que tienen significado para los que lo conocen bien. También ha mejorado su capacidad de expresarse a través de gemidos, gritos, chillidos, movimientos corporales, gestos y expresiones faciales. Muchos bebés de esta edad son capaces de señalar con el dedo algo que les interesa.

La capacidad comprensiva supera a la expresiva. Un bebé de 10 meses es capaz de mirar en dirección a su mamá cuando se le pregunta ¿dónde está mamá? A medida que pueden anticipar mejor los acontecimientos, las palabras como "¡no!" o "adiós" empiezan a adquirir significado. El tono de la voz y el contexto ayudan a comprender el significado de estas palabras.

Alrededor del año el bebé dice una o dos palabras, sin pronunciarlas muy claramente ni utilizarlas con mucha precisión.

Problemas médicos frecuentes en el primer año de vida

La consulta que no debe esperar

Durante el primer año de vida pueden ocurrir distintos problemas médicos que, en su mayoría, no revisten gravedad. Una de las principales preocupaciones es saber cuándo es necesario consultar en forma urgente o cuándo se puede esperar. Cuanto más pequeño sea el bebé, la tendencia será la de consultar precozmente y en la medida en que los padres ganen experiencia podrán tomarse más tiempo para llamar al pediatra.

Hay algunas circunstancias en las cuales la consulta debe ser inmediata, como por ejemplo:

- Fiebre en los tres primeros meses de vida.
- Fiebre acompañada de rechazo del alimento.
- Dificultad para respirar: respiraciones frecuentes, esfuerzo para respirar, dificultad para alimentarse y descansar.
- Convulsiones.
- Vómitos repetidos.
- Caídas desde alturas mayores que la altura del niño.
- Ingestión de tóxicos o de algún cuerpo extraño.

Repasemos juntos algunas de estas situaciones:

- **Fiebre en los 3 primeros meses de vida:** dado que el sistema inmunológico del bebé no está totalmente maduro en esta etapa de la vida, la presencia de una infección viral o bacteriana puede producir infecciones más graves. Los síntomas que acompañan a la fiebre son sutiles pero es muy importante estar atento a cambios en: la coloración de la piel, el llanto que es difícil de consolar, el rechazo a alimentarse, la somnolencia o la irritabilidad, los vómitos o las respiraciones frecuentes o el quejido al respirar.

- **Fiebre acompañada de rechazo del alimento:** en cualquier etapa durante el primer año, un cuadro febril acompañado por rechazo del alimento o de un niño que no se sonríe y no quiere jugar es un motivo para hacer una consulta urgente al pediatra. Cuando decimos rechazo del alimento, hablamos de niños que no quieren tomar el pecho, la mamadera ni ningún otro alimento. Casi siempre que un niño no se siente bien tiene menos apetito, pero algo come. Es por eso que cuando no quieren comer nada la posibilidad de algún problema serio aumenta.

- **Dificultad para respirar:** cuando un bebé respira frecuentemente (más de 20 veces por minuto), tose o se queja cuando respira o respira con esfuerzo (se le hunden los espacios que están entre las costillas) tiene dificultad respiratoria. Esta dificultad para respirar puede estar o no acompañada de fiebre. Cuanto mayor sea esta dificultad, se acompañará de rechazo del alimento e imposibilidad para conciliar el sueño.

- **Convulsiones:** una convulsión es un movimiento involuntario, que no cesa cuando se toma la parte del cuerpo que se mueve, que puede comprometer todo el cuerpo, sólo los miembros o producir la flexión de la cabeza. Generalmente, el niño pierde la conciencia y una vez que cesa el movimiento suele entrar en un sueño profundo hasta que se despierta. La presencia de fiebre es un condimento más al que hay que prestar atención y que requiere una evaluación médica profunda en todos los casos.

- **Vómitos:** la eliminación de contenido estomacal es una circunstancia que trae preocupación. Hay niños/as que lo hacen varias veces por día, como consecuencia de una condición que se conoce como reflujo gastroesofágico. Si el niño crece bien y no produce llanto, no requiere tratamiento. Pero vómitos, que se acompañen de disminución de peso o freno del crecimiento, diarrea abundante y cambios en el comportamiento, requieren una consulta rápida.

- **Caídas:** entre los accidentes que pueden ocurrir en el hogar las caídas son muy frecuentes: de la cama de los padres, de la mesa, del carrito, etc. Si caen de una altura mayor que la del niño, hay pérdida del conocimiento, vómitos repetidos, irritabilidad o tendencia al sueño, es necesario hacer una consulta de urgencia.

- **Ingestión de tóxicos o cuerpos extraños:** si un bebé toma algún medicamento, elemento de limpieza, veneno, solvente, bebida alcohólica o se traga una bolita, moneda, pila o batería, alfiler de gancho, resorte, etc., siempre hay que consultar a un centro de intoxicaciones o a urgencias de un hospital.

Fiebre

La fiebre es la elevación de la temperatura corporal por encima de 37,5ºC tomada en la axila. Casi siempre es debida a un proceso infeccioso viral o bacteriano. La fiebre en sí misma no suele tener efectos adversos sobre el organismo. Tiene que ser muy alta (42ºC) y sostenida para ser nociva. Por lo tanto, más importante que cuánto suba la temperatura, es ver el estado general del niño, por ejemplo: la actitud frente a la alimentación, las ganas de jugar, si sonríe o no, si está muy llorón o si duerme permanentemente. Por supuesto que si hay cambios en la coloración de la piel, escalofríos, manchitas en la piel, vómitos o dificultad respiratoria en cualquier momento del primer año de vida, es necesario consultar urgentemente al pediatra.

La principal preocupación de los padres frente a la fiebre es tratar de bajarla. El objetivo de hacer bajar la temperatura es contribuir al bienestar del niño. Muchas veces cuando la temperatura baja el niño mejora sensiblemente. Los antitérmicos de uso habitual (paracetamol o ibuprofeno) hacen bajar la fiebre, aunque casi nunca logran hacerla descender totalmente. El baño con agua tibia que se enfría espontáneamente puede ayudar a los antitérmicos para que la fiebre baje un poco más rápidamente. La dosis de cada antitérmico debe ser indicada por el pediatra y no conviene asociar antitérmicos a menos que haya una indicación precisa en ese sentido. No es conveniente, bajo ninguna circunstancia, utilizar remedios caseros como té o friegas con alcohol.

Es importante que el niño reciba líquidos en pequeñas cantidades, pero seguido, y alimentarlo en forma fraccionada para contribuir a mejorar el estado general.

El temor frente a la fiebre es la convulsión febril. Esta es una situación no muy frecuente y para la cual hay que tener una susceptibilidad especial. Generalmente hay antecedentes en alguno de los padres que también tuvieron convulsiones en su infancia. Estas convulsiones son cortas, se limitan espontáneamente (no necesitan tratamiento) y no dejan secuelas. Pueden producirse con poca o mucha temperatura.

Un mito es que la fiebre alta produzca meningitis. En realidad, la fiebre es la respuesta que el organismo genera frente a un agente infeccioso que puede provocar una meningitis.

Como conclusión, la fiebre es una respuesta del cuerpo frente a la infección y que debe ser valorada en el contexto más amplio del estado general del niño.

Infecciones respiratorias

En los primeros años de la vida las infecciones más frecuentes son las que comprometen al aparato respiratorio. Desde la nariz hasta los pulmones los virus y bacterias pueden provocar resfríos, sinusitis, laringitis, faringitis, bronquiolitis, neumonías y neumonitis. En el invierno, obviamente, estas infecciones son más frecuentes.

Un bebé que está en su casa y que no tiene hermanos puede presentar 6 episodios infecciosos por año; si tiene hermanos o va a una guardería, el número de procesos aumenta. Casi siempre estas infecciones son virales y leves. Por ser virales no tienen tratamiento específico, o sea que no es necesario indicar antibióticos. Pueden acompañarse de fiebre, tos y dificultad para respirar.

La tos también genera ansiedad y preocupación. Es una respuesta natural del cuerpo para poder movilizar las secreciones, es un mecanismo de defensa. Pero molesta, y mucho más si es de noche. En ese caso no es conveniente utilizar antitusivos, ya que pueden tener efectos adversos a nivel del sistema nervioso central (somnolencia o excitación) y favorecer la acumulación de secreciones a nivel pulmonar. La efectividad de los mucolíticos es muy relativa y no se ha demostrado que sean realmente útiles en los niños. Es común que se indiquen nebulizaciones o humidificar las secreciones con vapor o solución fisiológica, que se coloca en la nariz. El beneficio de estas medidas depende de las características de la tos y de la presencia o no de secreciones a nivel bronquial.

Hay infecciones en las cuales hay inflamación de los bronquios más finos, estos cuadros se conocen como bronquiolitis. Son infecciones virales que suelen durar unos 7 días. Dan fiebre, los síntomas empeoran en los 2 ó 3 primeros días, para luego estabilizarse y mejorar posteriormente. Se acompañan de tos y grados variables de dificultad respiratoria por la obstrucción de los bronquios. En los niños más pequeños la posibilidad de complicaciones es mayor. El uso de broncodilatadores y corticoides puede ser de ayuda para aliviar la dificultad respiratoria.

Cuando un bebé empieza a ir a la guardería parece estar permanentemente enfermo, los mocos no se terminan y la tos es un ruido constante para los padres, los abuelos y toda la familia. Los períodos libres de enfermedad son muy cortos, pero la reiteración de estos cuadros infecciosos estimulan al sistema inmunológico para producir anticuerpos y dejar "memoria inmunológica". Quiere decir que cuando el niño vuelva a encontrarse con el mismo virus que lo enfermó podrá neutralizarlo sin enfermarse.

Otitis media aguda

La infección del oído medio se conoce como otitis media. Es la complicación más frecuente de los resfríos.

El dolor de oído es un síntoma característico. En los bebés se manifiesta por llanto, irritabilidad, inapetencia, y/o vómitos. A esto se le suman la congestión nasal y la presencia de mucosidad en la nariz. Generalmente, el niño tiene fiebre.

Para poder hacer el diagnóstico de la otitis media es necesario que el médico mire el tímpano con un otoscopio.

En algunos casos de otitis causadas por bacterias, el pediatra indicará antibióticos para ayudar a controlar la infección. En el caso de infecciones virales, los antibióticos no serán necesarios. Los analgésicos pueden ser utilizados para calmar el dolor del oído.

Los factores que aumentan los episodios de otitis son: el humo del cigarrillo en el ambiente, asistir a la guardería, tomar la mamadera acostado, entre otros. Los bebés que toman pecho tienen menos riesgo de tener otitis.

Vómitos

La expulsión por la boca del contenido del estómago es un hecho frecuente en los bebés y puede obedecer a muchas causas. Algunas son específicas del aparato digestivo, como una gastroenteritis o el reflujo gastroesofágico; y otras pueden aparecer en infecciones graves, como una meningitis, o más banales, como un resfrío o una otitis media.

La complicación más frecuente producida por los vómitos, independientemente de su causa, es la deshidratación. En general, para que esto se produzca son necesarios varios vómitos abundantes y una mala tolerancia y aceptación de líquidos por la boca.

En consecuencia, hay que preocuparse cuando los vómitos son abundantes y el niño no tolera líquidos (leche o agua) o los rechaza, cuando se lo nota muy irritable o con tendencia al sueño.

La deshidratación se manifiesta por la escasa saliva que hay en la boca, la falta de lágrimas al llorar, la disminución de la cantidad de orina (moja poco el pañal), los ojos parecen estar hundidos y la piel seca.

Cuanto más pequeño sea el niño el riesgo de deshidratarse es mayor, aunque haya tenido pocos vómitos o pocas evacuaciones diarreicas.

Los vómitos habituales, generalmente de escaso volumen, que pueden presentarse poco después de finalizada la alimentación o alejada de ésta, suelen relacionarse con el reflujo gastroesofágico. Este se produce por la falta de madurez del mecanismo que impide que el contenido del estómago "suba" al esófago. El reflujo está favorecido por la consistencia líquida del alimento y la posición horizontal o sentada en las sillitas para bebés. La mayoría de las veces esta situación normal mejora en la medida que el niño crece, se agregan alimentos de consistencia semisólida y empieza a sentarse. En algunos casos el reflujo puede constituir un problema que requiere evaluación y tratamiento específicos.

Diarrea

Las evacuaciones de los niños de esta edad suelen ser más bien pastosas. La diarrea se define por la disminución de la consistencia de las evacuaciones debido al aumento del contenido de agua. Si bien, casi siempre hay aumento del número de veces de ir al baño, esto no es siempre así.

Las diarreas agudas suelen ser infecciosas y casi siempre virales. Pueden ocurrir en cualquier época del año, aunque son más frecuentes en el verano.

La complicación más importante es la deshidratación de la cual ya nos referimos en el apartado sobre vómitos.

En cuanto a las características de las evacuaciones y situaciones acompañantes que deben motivar una consulta urgente con el pediatra, debemos considerar:

- Evacuaciones con sangre y/o moco.
- Evacuaciones muy frecuentes y líquidas.
- Coloración pálida de la piel y disminución de la cantidad de orina.
- Niños que parecen doloridos, somnolientos o irritables.

Para la prevención de estas infecciones es imprescindible el lavado de las manos de los cuidadores y evitar el contacto con otras personas que estén con diarrea.

La lactancia materna es un factor protector de estas infecciones.

La mayor parte de los cuadros de diarrea duran entre 7 a 10 días y no requieren tratamiento con antibióticos o antidiarreicos. Es muy importante no utilizar remedios caseros para curar la diarrea. También es fundamental mantener un buen estado de hidratación y ofrecer alimentos que sean de fácil digestión, para que el niño no se desnutra. Es habitual que en las primeras horas de estos procesos el niño no quiera alimentarse aunque seguramente aceptará bien el agua y el pecho materno.

Estreñimiento

La frecuencia y la consistencia de las evacuaciones de los bebés cambian a lo largo del tiempo. Generalmente, en los primeros 2 meses los bebés defecan después de cada toma de leche. Esas evacuaciones suelen ser escasas, de consistencia líquida o pastosa y de color amarillento o verdoso.

El patrón de frecuencia puede variar a lo largo del tiempo, o sea que puede pasar a una o dos veces diarias o una cada dos, tres, cuatro o hasta siete días. Lo que importa no es tanto cada cuánto tiene evacuaciones, sino cómo son. Es decir que si la materia fecal es muy dura, o hace pequeñas bolitas duras y secas, aun en forma diaria, será necesaria una evaluación más precisa, ya que en este caso estaremos frente a un niño constipado.

El buen aumento de peso y la normalidad del examen del abdomen, de la región anal y de la zona que lo circunda son elementos tranquilizadores.

En ocasiones, el pasaje de materia fecal dura por el ano puede provocar una lastimadura, que se conoce como fisura anal y que puede manifestarse por la presencia de sangre roja en la evacuación. Esta fisura provoca dolor en las sucesivas defecaciones, esto hace que el niño no quiera defecar y por consiguiente aumenta el estreñimiento. Ante la presencia de sangre en la materia fecal y/o dolor al defecar es necesario consultar al pediatra.

En el caso de los niños amamantados, no parece haber una relación directa entre la alimentación de la madre y las características de las evacuaciones del bebé.

En la medida en que el niño va incorporando distintos alimentos puede haber cambios en las características de las evacuaciones que, generalmente, no suelen ser de importancia.

Los genitales

En las niñas recién nacidas la vulva suele tener flujo y, algunas veces, puede verse la salida de sangre que se asemeja a la de una menstruación. Estos hechos son normales y tienen que ver con la acción de las hormonas durante la vida intrauterina. Por este mismo motivo, las tetillas pueden estar prominentes y a veces se puede observar una secreción de tipo blanquecino por el pezón, conocida popularmente como "leche de brujas".

Por otro lado, el enrojecimiento alrededor de la tetilla, con aumento de la temperatura y dolor al tacto es motivo de preocupación, ya que puede indicar una infección. También requiere una consulta rápida con el pediatra la presencia de algún bultito a los costados de los labios mayores de la vulva, que pueden corresponder a una hernia inguinal.

En el caso de los varones no es necesario retraer el prepucio hacia atrás para limpiarlo. Normalmente, el orificio del mismo es pequeño y no permite una retracción parcial o total. A medida que el niño crece el prepucio también aumenta de tamaño y permitirá ser retraído. En ese caso, se pueden ver ciertas adherencias entre el glande y el prepucio que son normales.

Es importante saber que los dos testículos hayan sido palpados en algún momento por el pediatra. La ausencia de uno o ambos testículos puede ser transitoria (el testículo sube y baja) o permanente, lo cual requiere un control médico específico. También es frecuente que uno o los dos testículos estén aumentados de tamaño, permanente o transitoriamente, por la presencia de líquido alrededor de los mismos, lo que se conoce como hidrocele.

Este líquido suele reabsorberse en forma espontánea sin ningún tipo de tratamiento.

Al igual que lo que sucede con las niñas, la presencia de un bultito en la zona inguinal, que aparece y en ocasiones desaparece, requiere la evaluación del pediatra o cirujano pediátrico para descartar la posibilidad de una hernia inguinal, que se resuelve con una intervención quirúrgica.

Los ojos

En los primeros meses se puede detectar una desviación de uno o de los dos ojos hacia la nariz (estrabismo convergente) que se debe a la inmadurez y cansancio de los músculos oculares. Esta desviación es transitoria y mejora dentro de los primeros meses de vida.

También, puede suceder que el ojo parezca desviado cuando en realidad no lo está. Esto se debe a que la implantación del párpado superior presenta un pliegue en el ángulo interno (epicanto) que simula un estrabismo y que se conoce como pseudoestrabismo.

Frecuentemente, los ojos del bebé pueden presentar una secreción amarillenta sin que sea una conjuntivitis. Esta secreción se debe a que los bebés pueden tener el conducto lagrimal levemente obstruido. Generalmente, desaparece espontáneamente o con la ayuda de un masaje en la zona del ángulo interno del ojo. Si este lagrimeo persistiera a los 6 meses, será conveniente realizar una consulta con el oftalmólogo.

Pero también los bebés pueden tener conjuntivitis, más común en los que van a la guardería. La causa es, generalmente, viral, suele ser muy contagiosa, con secreción, enrojecimiento de la conjuntiva, lagrimeo, picazón y edema del párpado. En estos casos será necesario higienizar los ojos con té tibio, leche materna o con solución fisiológica y, si no mejora, consultar al pediatra.

Vacunas

Las vacunas constituyen el método más seguro de protección contra algunas infecciones graves. Activan la producción de defensas (anticuerpos) contra distintas enfermedades infecciosas. Es decir, que al exponerse a un agente infeccioso, las defensas adquiridas a través de la vacuna son capaces de neutralizarlo y evitar la enfermedad.

Existen vacunas que están en el calendario oficial de vacunación y son obligatorias, y otras que están fuera del calendario y son de indicación optativa.

Todas las vacunas se pueden aplicar en el mismo día. En las primeras horas después de la aplicación puede aparecer fiebre, enrojecimiento e hinchazón en la zona de inoculación.

Es importante verificar tres aspectos que influyen en la efectividad de una vacuna:

- la validez (fecha de vencimiento);
- la conservación en frío (no interrumpir la cadena de frío);
- la forma adecuada de administración (ya sea, intramuscular, oral o subcutánea).

Las vacunas del calendario oficial

Recién nacido	BCG (tuberculosis) + 1ra dosis de Hepatitis B
2 meses	Cuádruple (tétanos, difteria, tos convulsa y Haemophilus Influenzae tipo b) + Sabin (poliomielitis aguda) + 2da dosis de Hepatitis B o Séxtuple
4 meses	Cuádruple + Sabin o Quíntuple
6 meses	Cuádruple + Sabin + 3ra de Hepatitis B o Séxtuple
12 meses	Triple viral (sarampión, paperas y rubéola) + 1ra dosis de Hepatitis A

BCG: es la vacuna contra la tuberculosis (TBC), el antígeno que contiene es la bacteria **viva atenuada**. Se administra de forma subcutánea en el brazo y puede generar, a partir de los 15 días, un nódulo en la zona de su aplicación, que se puede ulcerar, supurar y luego dejar una cicatriz. Si presenta secreción se debe higienizar solamente con agua y jabón. A veces puede aparecer un ganglio inflamado en la axila. Para colocarla el bebé debe pesar más de 2 kg.

Vacuna de Hepatitis B: es contra la hepatitis B, contiene un antígeno del virus. Se debe administrar en forma intramuscular y el esquema completo requiere 3 dosis. La primera dosis se aplica sola y las otras dos forman parte de otras vacunas (quíntuple o séxtuple).

Sabin: vacuna contra la poliomielitis aguda, contiene el virus **vivo atenuado**, se administra por vía oral y requiere, en los primeros meses de vida, ayuno de media hora antes y después de su aplicación, para evitar la regurgitación o el vómito, que en caso de suceder, tiene indicación de revacunación. En muchos casos se administra junto a otras vacunas de forma intramuscular con el virus inactivo (quíntuple, séxtuple o Salk, que es sólo para polio y contiene el virus de polio muerto).

Cuádruple: es una vacuna que contiene cuatro antígenos: contra tétanos, tos convulsa, difteria y Haemophilus influenzae tipo b, se administra de forma intramuscular. Puede generar una reacción local de enrojecimiento, hinchazón y dolor denominado absceso estéril, que mejora con los antiinflamatorios habituales y la colocación de frío local. Además, en las primeras 24 a 48 hs. puede dar fiebre, decaimiento o irritabilidad y llanto.

Quíntuple: es una vacuna que contiene cinco antígenos y dos variantes que pueden contener los componentes de la cuádruple más el antígeno de la hepatitis B o el virus muerto de la polio (Salk). Se administra de forma intramuscular.

Triple viral: vacuna contra paperas, rubéola y sarampión. Contiene virus **vivos atenuados**. Se administra de forma intramuscular. A la semana a 10 días de administrada puede producir fiebre y manchas en la piel que desaparecen a las 24 a 48 hs.

Vacuna de la hepatitis A: es contra la hepatitis A. Se administra de manera intramuscular y contiene antígenos del virus.

Vacunas fuera del calendario oficial

Varicela: infección frecuente en la niñez, de causa viral. La vacuna se puede administrar a partir del año, una sola dosis, es a virus **vivo atenuado** y de administración intramuscular. No siempre evita contraer la enfermedad, pero asegura un curso más leve. Se está considerando aplicar una segunda dosis al ingreso escolar.

Neumococo: bacteria que produce diversas infecciones: otitis media aguda, neumonía, sepsis, artritis y meningitis aguda, especialmente en menores de 2 años. La vacuna que pueden recibir los bebés es la conjugada, que protege parcialmente la posibilidad de contraer una enfermedad invasiva (grave) por neumococo (contiene sólo 7 serotipos). Requiere tres dosis con 45 a 60 días de intervalo entre ellas y se administra de forma intramuscular.

Meningococo: bacteria que provoca meningitis aguda de rápida evolución. La vacuna que se puede dar en menores de 1 año es la "acelular" que cubre sólo el serotipo C, uno de los dos serotipos que se presentan en nuestro país. Se administra de forma intramuscular en dos dosis con 45 a 60 días de intervalo.

Rotavirus: virus que produce diarreas agudas y deshidratación en los bebés. La vacuna se puede administrar a bebés desde los 2 a los 6 meses, con tres dosis con 45 a 60 días de intervalo entre las mismas. Se administra por vía oral y es a virus **vivo atenuado**.

Gripe: es una vacuna a virus inactivado, de aplicación intramuscular, que se puede administrar a partir de los 6 meses, requiriendo la primera vez que se aplica, dos dosis con 30 a 45 días de intervalo entre las dosis y luego una dosis anual. Está indicada sólo en casos especiales.

Contraindicaciones de las vacunas

Si el bebé tiene una infección activa con fiebre, no podrá recibir las vacunas correspondientes, pero **sí** podrá hacerlo si solamente presenta secreciones o tos.

Es muy importante recordar que la vacuna Sabin se da por vía oral (en gotitas), por lo cual, para evitar que los bebés regurgiten se debe asegurar el ayuno media hora antes y después de su aplicación. Está contraindicada si el bebé está con vómitos o diarrea. Además, como es una vacuna a virus vivo atenuado, no la podrán recibir los bebés que convivan o sean cuidados por personas con las defensas bajas, ya sea por alguna enfermedad o medicación. En esos casos la vacuna contra la poliomielitis aguda se deberá administrar por vía intramuscular sola o junto con la cuádruple (quíntuple con Salk).

Final del recorrido

El bebé que nació no hace tanto tiempo, que comía y dormía la mayor parte del día, hoy ya es un deambulador curioso y vivaz que revolucionó la casa y sus vidas. Esperamos que este libro, a través del relato de situaciones comunes y de recomendaciones prácticas, los haya acompañado en este recorrido. Esta primera etapa finaliza, pero es solo el inicio de la experiencia de ser padres.

Continuará...

Sitios de interés en Internet

Asociación Española de Pediatría
http://www.aeped.es

American Academy of Pediatrics
http://www.aap.org/healthtopics/stages.cfm#early/

Centros para el Control y Prevención de enfermedades
http://www.cdc.gov/spanish/

Anexos

Maduración del bebé

Este cuadro es útil a modo de síntesis de las pautas madurativas que los bebés van adquiriendo a lo largo del primer año de vida. Brinda una idea aproximada de la edad de cada logro teniendo en cuenta que hay un margen normal (más temprano o más tarde) según cada niño y su contexto que irá controlando el pediatra a lo largo del seguimiento.

1er mes	Fija la mirada y tiene seguimiento ocular ante algo que llame su atención.
2º mes	Presenta sonrisa social.
3er mes	Logra sostener la cabeza.
4º mes	Adquiere la línea media cuando está acostado boca arriba.
5º mes	Logra la posición del trípode, descubre los pies al verlos y agarrarlos.
6º mes	Se sienta solo, toma objetos y los pasa de una mano a la otra.
7º mes	Se desplaza por el suelo arrastrándose.
8º mes	Aparece la angustia del octavo mes.
9º mes	Se levanta agarrado y logra la pinza con oposición del pulgar y el índice.
10º mes	Camina agarrado.
11º mes	Se para solo.
12º mes	Camina solo, quiere comer solo, da objetos.

Prevención de accidentes en el hogar

Los accidentes son eventos que producen lesiones en el cuerpo. La palabra accidente nos evoca lo inevitable o impredecible, sin embargo, esto casi nunca es así. Cuando luego de un accidente repasamos lo que podríamos haber hecho para evitarlo, encontramos que con un cierto grado de previsión las cosas podrían haber sido diferentes.

Si bien estamos expuestos a sufrirlos en cualquier ámbito, nuestra casa es uno de los lugares en donde más frecuentemente ocurren los accidentes, tanto leves como graves, tanto afecten a niños, adultos o ancianos.

¿Qué podemos hacer para evitar accidentes?

Tratar de anticipar situaciones potencialmente peligrosas, tanto para los niños como para los adultos. ¿Cómo? Disminuyendo los riesgos.

¿Quiénes están más expuestos a padecer accidentes en la casa?

Los niños y los ancianos son los más propensos. Los más pequeños no son capaces de medir riesgos. Son muy inquietos, curiosos y quieren usar las cosas que los adultos manipulamos constantemente.

Hay situaciones de estrés en la vida familiar, como mudanzas, refacciones en el hogar, nacimientos o enfermedades de algún miembro de la familia, que pueden bajar los mecanismos de "defensa" y facilitan que se produzcan accidentes.

Vamos a considerar algunos de los accidentes más frecuentes en el hogar:

- Caídas.
- Quemaduras.
- Intoxicaciones.
- Ahogamientos o casi ahogamientos en el agua.
- Ingestión o aspiración de cuerpos extraños.

Las caídas: cuando los bebés aprenden a darse vuelta, a partir de los 4 meses, pueden caerse de la cama de los padres, del carrito, del cambiador o de las sillitas para bebés. Los bebés son muy rápidos para girar sobre sí mismos, por lo cual es preferible apoyarlos en el suelo sobre una manta en caso de tener que dejarlos solos por un momento. Es imprescindible utilizar siempre los cinturones de seguridad del carrito o de la sillita.

Para evitar las caídas de la escalera no hay que confiar en la habilidad del niño para subirla o bajarla. Conviene colocar puertas en los extremos y protecciones laterales, en caso de que la escalera sea abierta, para hacerla más segura.

Las literas tienen que contar con barandillas, sea cual sea la edad del niño.

Una caída desde una altura superior a la del bebé o del niño es de mucho riesgo. Hay que prestar especial atención a los elementos de la casa que tengan esta característica y no permitir que los niños se trepen a ellos sin la supervisión de un adulto.

Quemaduras: durante el primer año hay que tener especial cuidado con los líquidos calientes (como el mate, café o té), ya que frecuentemente los bebés manotean los recipientes que los contienen.

Intoxicaciones: en los hogares hay muchas sustancias que son potencialmente tóxicas si se ingieren: artículos de limpieza, insecticidas, solventes, medicamentos, bebidas alcohólicas, plantas, etc.

Para evitar la ingestión de alguna de éstas hay que ubicarlas fuera del alcance de los niños, bien rotuladas y guardadas en envases que no sean de uso familiar para los niños, como por ejemplo, envases de gaseosas.

Es importante tener a mano el teléfono de un Centro de Intoxicaciones para cualquier consulta en caso de ingestión de algún tóxico.

No olvidar que el gas es otro potencial tóxico. Hay que estar atento a cualquier pérdida de gas y controlar periódicamente el funcionamiento de calefones y calefactores a gas. Una mala combustión puede provocar la intoxicación por monóxido de carbono.

Mantener una ventilación permanente del ambiente cuando esté funcionando algún artefacto de gas o fuego.

Ahogamiento: Hasta una pequeña cantidad de agua (10 a 20 cm) puede ser peligrosa para un niño pequeño, ya que se pude llegar a ahogar si su cara queda sumergida en el agua.

Mucho más cuidado hay que tener si hay una pileta de natación. Las piletas de natación deben tener un cerco de 1 metro de altura con una puerta de seguridad que los niños no puedan abrir. En las cercanías de una pileta, los niños deberán estar siempre al cuidado de un adulto.

Ingestión o aspiración de cuerpos extraños: un cuerpo extraño es cualquier objeto que puede ser tragado o que puede penetrar en el aparato respiratorio en forma accidental. Pueden ser alimentos, partes de un juguete (rueditas), juguetes (bolitas), pilas o baterías, botones, monedas, etc.

En caso de ser deglutidos se debe tener especial precaución con los elementos punzantes (alfileres) y con las pilas o baterías y consultar rápidamente a Emergencias.

Si algún objeto penetra en la vía aérea puede provocar tos o dificultad para respirar. En ese caso habrá que consultar en forma urgente, pero se puede intentar alguna maniobra para lograr la expulsión del objeto aspirado o deglutido.

Evitar tratar de sacarlo con los dedos, ya que esta maniobra puede facilitar una mayor penetración del cuerpo extraño.

Para evitar estas situaciones hay que mantener los objetos pequeños fuera del alcance de los niños y asegurarse que los objetos que funcionen con baterías de cuarzo o pilas comunes tengan mecanismos de seguridad que impidan la apertura de los compartimientos donde se alojan.

Made in United States
Orlando, FL
18 April 2025